西方建筑师的中国传奇

付瑞柯·斯克洛齐　口述

李宁玉　胡亦南　整理

胡亦南　翻译

五洲传播出版社

图书在版编目（CIP）数据

西方建筑师的中国传奇/（加）付瑞柯 · 斯克洛齐（Scolozzi, F.）口述；（加）李宁玉，胡亦南整理；胡亦南译.—北京：五洲传播出版社，2009.12
ISBN 978-7-5085-1642-4

I. 西... II. ①斯...②李...③胡...④胡... III. 斯克洛齐，F.—生平事迹 IV. K837.116.16

中国版本图书馆CIP数据核字 (2009) 第171980号

西方建筑师的中国传奇

口　　述　付瑞柯 · 斯克洛齐
整　　理　李宁玉　胡亦南
翻　　译　胡亦南
责任编辑　覃田甜
装帧设计　田　林
设计制作　北京尚捷时迅文化艺术有限公司
出版发行　五洲传播出版社（北京海淀区莲花池东路北小马厂6号　邮编：100038）
电　　话　8610－58891281（发行部）
网　　址　www.cicc.org.cn
承 印 者　北京光之彩印刷有限公司
版　　次　2009年12月第1版
印　　次　2009年12月第1次印刷
开　　本　720×965mm　1/16
印　　张　7.25
字　　数　100千
印　　数　1－2000
定　　价　48.00元

目 录

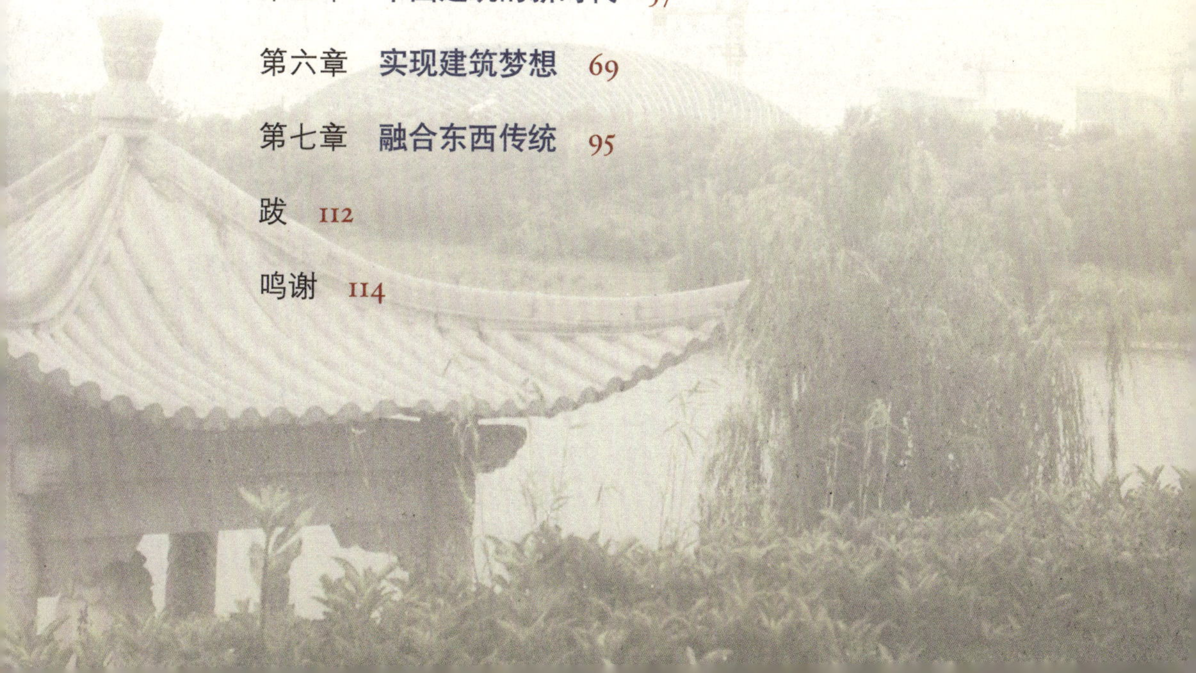

序　梦想成真在中国

我所认识的加拿大建筑设计师付瑞柯

我认识付瑞柯·斯克洛齐（Franco Scolozzi）已经有十年了。这十年中，每年付瑞柯都数次到中国，长则三四个月，短则一两个星期，无论在北京、大连，还是那些大大小小他到过的城市，付瑞柯独往独来、走街串巷，搭公交、乘地铁，俨然一个不会说中国话的“中国通”。

付瑞柯祖籍意大利，在意大利佛罗伦萨大学获得建筑学荣誉博士学位，在美国哈佛大学获得城市规划设计硕士学位。1967年他在意大利创办以自己名字命名的建筑设计事务所（Scolozzi Architect Inc.），其英文名字的首字母组合起来就是“SAI”，对应的中文就是“赛”字。的确，付瑞柯一生都在投标、中标，与别人赛、与自己赛，特别是在中国赛出了一个新天地。1995年2月，付瑞柯首次来到中国，应上海市政府的邀请参与陆家嘴地区的一个总体规划项目。当时的政府会议室没有暖气，西装革履的付瑞柯在寒冷中不得不每五分钟换一杯热水取暖。简陋的条件加空气污染并没有影响付瑞柯职业神经的敏感性。从他所住的酒店窗户向外望去，他一生从未见过这样巨大的工地，一幢幢数过去，正前方至少有40幢高楼在建设中，环绕酒店的大厦建设工程数也数不清；他一生也从未见过这样的景色：自行车流像潮水般地在城市里流淌，高涨的人气彰显了巨大的市场。此前，他也从未做过5平方公里之大的总体规划。付瑞柯触摸到了机遇。然而，1996年，一件意想不到的事情发生，使他与浦东开发的许多机遇擦肩而过。付瑞柯的长子、卡尔顿大学建筑设计专业四年级学生尼古拉斯因车祸丧生，悲痛压得他喘不过气来。直到世纪交替之际，需要从悲痛中走出来的付瑞柯再次来到中国，在南京青少年科技活动中心的建筑设计方案国际投标中荣获第一，3万平方米的球体建筑基本按照他的设计完成。随后而来的项目有大连外国语学院新校区0.9平方公里的总体规划、50万平方米的建筑设计，北京首创集团40万平方米的花园别墅，等等。他呕心沥血的一张张设计图纸变成一座座屹立在中国大地上的实体建筑。不幸的建筑师只能在纸上浓淡画图去构思梦想，幸运的建筑师可以在地球上指点江山去实现梦想。无疑来到中国的付瑞柯是幸运的，是中国成就了付瑞柯的事业。

付瑞柯经历了中国改革开放的巨变，也见证了中国建筑设计风格从亲美到亲欧再到融合自己民族风格的过程，同时也体验了同中国建筑师磨合与沟通的实践。作为一名在中国工作的外国建筑设计师，文化冲突、设计理念的冲突在所难免，原则问题上他从不放

弃。记得他设计交通银行南京分行时，我正好在南京出差。上午与他通话时，他还在大连，并没有计划来南京；然而晚上他却带着一大卷图纸郁闷地出现在南京。第二天上午与当地建筑设计院的设计师开会，因为语言的障碍，我充当了他的翻译。他说，他这么急匆匆赶来是因为他设计的图纸被改动太多，特别是地下金库周围停放的一排排汽车，这是不允许的，还有停放自行车的位置影响美观，等等。中国设计师强调中国有中国的建筑标准，地下停车场必须设计建筑面积所要求的停车数量。我说其实我不是他的翻译，是他在加拿大的一个朋友，也是南京老乡。一幢大楼要存在上百年，设计要有前瞻性，面向未来。付瑞柯说世界各地的银行金库周围都是设计成一目了然的，以防有人图谋不轨，这是常识问题，也是原则问题，更是他设计师的脸面。经过付瑞柯的坚持，当天他们双方就坐在电脑前修改，气氛越发融洽。交通银行南京分行成了付瑞柯在中国设计的最满意的项目之一。

以付瑞柯的年龄，功成名就的他实在可以颐养天年。但付瑞柯放不下他喜欢的工作，建筑设计构成了他的生活、生命的组成部分，每当接到新项目，他全身的神经元都被调动起来，一双眼睛像两道手电光直射平面图纸。为保证动作灵活，他不仅加强锻炼，还控制饮食，他说没有哪个建筑师大腹便便。他有极强的责任心，北京首创集团的京龙花园别墅设计完成后，在施工过程中，他多次到现场指导工程建设。这一切都是为了实现他的建筑梦想。他仿佛就是为工作而生，又在中国这个巨大的工地上找到了自己的位置。至今他依旧在中国一个项目接着一个项目地忙碌工作着，没有停顿的时候……

多伦多国际学院院长

加中教育理事会会长

李宁玉

2009年11月

绪　言　作为建筑师的一生

对我来说，这已经是在中国近乎全职地工作的第14个年头了。这些年的经历一直都是激动人心的。我从小就向往东方。很多年前，在我对中国文化还没有什么了解的时候，我就开始接触日本文化。事实上，大学毕业后不久，我就有幸和日本的建筑大师丹下健三（Kenzo Tange）一起共事了。他可能是20世纪六七十年代最著名的建筑师和规划师之一。我能够与他共事，是因为我当时受聘于博洛尼亚的Finanziaria Fiere公司，是一名建筑咨询师。

那时，我还只是一个才从意大利佛罗伦萨大学取得建筑学荣誉学位不久的青年建筑师。博洛尼亚市的市长任命丹下健三为北博洛尼亚地区的总体规划师，而作为一家公立企业，Finanziaria Fiere公司负责开发会展中心——北博洛尼亚的一部分。这份工作使我有了与丹下大师超过一年的共事和学习东方文化的难得机会。

我去过几次日本，在那里的经历使我有机会欣赏和享受东方文化的精致。我之所以说"东方文化"，是因为，日本和中国文化的表现形式虽然不同，但本是同根所生，共同点颇多。两者的主要区别是风格，但从本质上来说，两国的文化传统和人们的行为方式高度相似。

现在，我的职业生涯已经接近尾声，是回顾过去，总结自己这些年来为中国人民都做了些什么的时候了。建筑师是一项社会性很强的职业，其服务对象是人民而非建筑师自己。我们的工作对城市的发展和未来都十分重要。很少有人注意到建筑师角色的重要性：从广阔的角度来看，建筑师与政治家们可以一起决定一座城市的成功或是失败。我对自己在中国完成的工作充满自豪；它是我对这个国家的复兴所作出的小小贡献。

不幸的是，普及建筑学的努力及对其在城市成形中所扮演角色的探讨极度稀缺。从20世纪末期开始直至今天，多数建筑师仍倾向于创造丑陋的、污染环境美学的建筑物。一座丑陋的建筑物将存世50年至100年。在此期间，其存在本身即足以使周遭环境令人不快。社会学研究已经发现，居住环境会对人们产生相当重大的影响，甚至可对人们的生长和心理发展造成严重冲击。如果居住环境不好，人们就会受苦。也就是说，对任何一名建筑师来说，不断地回顾过去的经历并从中汲取养分，从而尝试着改善未来的设计和表现是很重要的。作为建筑师，我们受到召唤，为环境而设计，为创造和改善每个人的生活条件而设计。为了达到这一目标，我们需要所有人的努力。要创造更好的城市，我们需要更多的觉悟、更多的文化。

对于中国这样一个仍处于发展中的国家来说，建筑师是非常重要的。我见过很多除了经典建筑，其设计仍可称伟大的中国城市。在中国，许多古代建筑都给今天的发展提供了很好的范本。

多少年来，在中国，民用建筑几乎是经济型建筑的代名词。我认为，在中华人民共和国初期，对生活环境质量的关注并不常见，因为当时的主要考虑是提供住所给亟需它的人们。住房并不属于人民，而是属于政府。而建筑管理的概念直到最近几年才出现。最近一段时期，很多城市的各个区域都开始老化。在某些地方，建筑环境已经变差。对于建筑师来说，这是为中国人民创造更好的生活环境的重要机会。我认为我们正面临着一项惊人的任务，其内容是要改善环境、提高生活质量。为完成这一任务，我们需要和中国当地的建筑师合作，向他们展示，理想的前景不是追求更多的利润，而是走一条人文主义的、以为人们创造更优越环境为本的道路。

金钱固然重要，但它不能和人们期望我们做的工作相提并论。我认为在中国，建筑师（不论是中国人还是外国人）是一项根本的职业，因为50年到100年后的未来掌握在我们和城市规划者的手中。我们可以一起创造一个更好的环境。这是一个向世界展示的机会，展示健康的、可持续的环境是可以创造出来的，展示我们是可以去除窝棚和丑陋建筑，为未来的人们留下崭新而舒适的环境的。

SCOLOZZI ARCHITECTS INC.
SAI
FRANCO SCOLOZZI
DR.ARCH. (Honors)
M.A.(UD) HARVARD
PRESIDENT
Toronto, Ontario, Canada M5A 1Y9
2 Labatt Avenue
Tel. 416 • 469 5329
Fax. 416 • 469 5328
email: franco@sai-arch.ca
北京分部
北京市 顺义区 天竺丽苑街 丽嘉花园
邮编： 101300
电话： 135 5219 9161
大连分部
辽宁省 大连市 沙河口区
会展路115号 6A804 百年汇大厦
邮编： 116000
电话： 139 4200 4853
电话/传真：0411 8689 7010
www.sai-arch.ca

第一章　改善环境的终生承诺

我一生所学所用，皆在建筑一行。对我来说，建筑学就是尝试着给人们提供一个人本主义的环境，使其能在该环境中感觉舒适，使居住其中成为一种轻松而愉快的经历。

我们倾向于把自己的所有和城市、国家的所有区分开来。因此，我们在和这两种财产打交道的时候，表现会截然不同。对公共财产，我们倾向于漠不关心；而对我们自己的财产，对我们自己的庭院和花园，我们就会悉心照顾。然而我们必须知晓，那些城市、国家的所有也正是我们的所有。它是我们的共同利益，是我们须要关注的事物。

在我看来，对两者截然不同的态度反映在我们环境的不同状况里。无人关心那些我们认为不属于任何个体的事物；我们在进行块状思考的同时，也把公共和私人的观念一块块地切割开来，而没有考虑到最终不论公私，这些事物都将属于我们。

由汽车尾气和其他因素造成的污染之所以存在，正是因为与自己的财产相比，我们并不是那么关心环境这个全球性的问题。我们

“终生承诺改善环境”是付瑞柯的人生信条。

之所以建造出丑陋的城市和丑陋的建筑，是因为在多数情况下，背后的动机是利润而非将自己献身于创造更好环境的自豪感。

不论如何，我们正处于一个不仅自然条件恶化，美学状况也颇遭污染的环境中：我们面对的是全球变暖条件下的丑陋都市。

自从逐渐意识到建筑师的社会责任及其对社会需求的回应之义后，“终生承诺改善环境”就成了我的人生信条。在高中毕业、上了两年艺术学校（学习雕刻、建筑和绘画）后，我开始对建筑学和设计产生浓厚的兴趣。在决定进入建筑系之前，我就意识到了建筑与艺术对世界和人类是多么重要：我们城市的现状，有赖于所有前辈的耕耘。有鉴于此，我将极大的热情投入到了对文艺复兴时期到现代各位建筑大师的学习之中。我不仅研究了他们的生平，更学习了他们的作品。我了解到他们——往往是在历经磨难和痛苦的情况下——在工作中投入的激情和热忱。他们把全部生命都投入到了对完美的追求中。他们成了我的偶像。我想要追逐他们的理想，做出他们那样的成绩。

现在想来，有时我感觉一生不足以完成应做之业。这也正是我们把事情留给后人的原因所在。但是，谁会举起承诺改善生活、改善环境的火炬呢？在我的小圈子里，我或许完成了一点点那些大师们曾经做到的事情。我尽力了。我从来都尽自己的全部力量，把自己的全部热忱和激情都投入到每一个建筑的设计或是总体规划中去。达到完美也一直都是我在每个设计中都为之痴迷的一项追求。

我职业生涯中的主要困境是和客户沟通，使其理解我们的努力是诚恳的，是维护他们自身利益的。有时我抗拒那些强令对设计作出改变的客户，因为他们不了解的是，在多数场合，他们寻求的那些变化是降低（而非提高）设计水平的错误尝试。我从来都是全力以赴的。然而从一开始，反复迂回的斗争就是非常激烈的。很少有客户会理解我的心愿和我想要给予他们的东西。当然，一些客户是开放的，聪慧的，有启发性的，进步的；他们给予我充分的自由，让我能够作出我真正想要为他们提供的设计。

第二章　寻找新天地

今天，中国正大步迈向一个领先的大国。与此同时，它已经成为建筑师的天堂。业内的每个人都想到中国来，争取下一个项目，来展示出那些在他们自己国家里不可能被建成的作品。我们在北美和欧洲不能做到的，今天在中国都成为了可能。

正是邓小平使中国进入了新的发展时期。邓小平之于中国改革的作用，堪比革命家毛泽东在其峥嵘岁月中发挥的作用。而我与中国的深厚渊源更可以追溯到三四十年前。

中国“文化大革命”（1966—1976）爆发之时，我们这一代欧洲建筑师正处青年岁月，我还在学校里学习建筑。当时，所有的学生都同情毛泽东的运动，却不知道文化革命背后的问题。不仅是我们，在当时的西方就没有人知道。我们只是简单地想着，“喔，这太好了！”而没有考虑过运动对中国文化和发展造成的影响。复兴一个数千年之久的文明的意图变成了摧毁它的平台。这些岁月给中国的教育留下了巨大空白，因为在数年间，教授们和知识分子被送往农村从事农业生产。远在欧洲的我们，当时是乐见其成的。但事实恰恰相反。

那时我们圈内的所有人都同情毛泽东的政治哲学。毋庸置疑地，他取得了伟大的成就，击败了在中国的帝国主义势力，把中国建设成为了一个独立的、自力更生的国家，并对世界的左翼运动影响深远。当时，意大利左翼运动汹涌澎湃。共产党的两个派别——一个追随的是苏联式的马克思列宁主义路线，另一个则更加左翼，有毛泽东主义知识分子倾向——有着广泛的影响。绝大多数学习政治科学、社会学、建筑学和哲学的年轻大学生都是“毛派”。我也同情毛泽东的事业，但保留了自己的意见。那时候在中国发生的一切并不能使我完全信服。

意大利佛罗伦萨是著名的艺术之城，付瑞柯的青年求学时期在此度过。

像家乡的绝大多数人一样，我在“文化大革命”前从未听说过有关中国的事情。只有到了那段时期，我们才把这些知识一一捡起。我读了“红宝书”（《毛主席语录》，是毛泽东著作中一些语句的选编本。因为最流行的版本用红色封面包装，又是共产党领袖的经典言论，所以在“文化大革命”中被普遍称为“红宝书”。——编者注）和一些被翻译成意大利语的毛主席诗词。直到现在，我还能记得其中的部分内容。当时在意大利，任何人几乎在任何图书馆都能借到毛泽东的作品。在20世纪60年代中后期的意大利大学学潮中，很多学生都在读这些书。不仅仅是毛泽东的著作，在博洛尼亚的某个左翼图书馆，人们可以找到所有的共产主义文学作品。

我那时从来没有想过自己有一天会在中国工作。当然，现在想来，这样的预示倒是有的。在博洛尼亚读书时，我有一次参加一个聚会，碰到了一个算命的老婆婆，她让我伸出手来，我那么做了。她把我的手放在她自己的手掌里，闭上眼睛，然后告诉我我会周游世界，在各个城市里盖起很多很多建筑。她没有说明我会去何方，我也并不信她。但今天我知道，她当年是对的。她所说的或多或少都变成了事实——我来到了中国。

我们当时又怎么可能知道呢？在铺天盖地的政治运动之中，崭新的一代有着强烈的改变体制，以期创造一个更加开放的政治环境的渴求。我们是时代的弄潮儿。

意大利社会党颇为积极地参与到了运动当中。全体学生，尤其是学建筑学、政治科学和社会学的学生们，都有着强烈的左翼倾向。我们都非常希望见到政府能作出激进的变革，能够真正地关注工人阶级，提供福利住房和社会主义政治所包含的所有其他方面。

1967年，法国、德国和意大利的大学里都爆发了大规模的革命。这与毛泽东在中国向红卫兵发出要破除既有文化体制的号召几乎是同时的。在中国发生的运动对欧洲的激进分子们至关重要，因为那代表了一个国家政治的激进变化，也代表了教育政治学本身的激进变化。

直到那时，欧洲每所大学的教授都还掌握着相当的权力。他们每一个人都有很多帮自己干脏活累活的助手，但到最后，赢得一切的还是这些教授。这个背景对理解中国的红卫兵运动对欧洲学生的影响是很重要的——它的影响是如此重要，以至于学生们开始占领学校，把学校封锁起来，宣布罢课。学生们想把教授们从他们的黄金交椅上拉下来，让这些人能真正地给他们传道、授业、解惑。当然，在某些场合，少数教授甚至遭到极端激进的学生团体枪击，腿部受伤。

警察并没有介入这些事件之中，因为在意大利，自从大学在公元1200年左右创办以来，一直都被认为是自治的实体，警察是不能自行进入校区抓捕嫌犯的。因此，警方控制了学校周边的街区。也就是说，校区里的学生不能离开学校了——离开的就会被

抓起来。当然，在这种情况下，在校外的教授是既不能更不想进到学校里去的。

我也参与到了运动之中，并成了社会党的成员。直至今日，我仍相信那是一场光荣的运动，它是再造的时刻，是文化变革的时刻。变革出现在诸多领域。在欧洲范围内的学生革命结束后，所有教育机构的教授们的确变得更加开放了，也更致力于学生和教育本身（而不是自我满足）了。

自然，我们必须同时牢记运动的高昂代价。一些极端激进的学生使用了超常规暴力。他们绑架了大学教授和政治领袖。1979年，意大利前总理阿尔多·莫罗被绑架并杀害了，他的遗体被留在了一辆车的后备箱里。但是不论怎样，在学生运动渐渐平息之后，教授们再也不是原来那副独裁者的嘴脸了。可校园革命的具体消极影响依然存在。例如，在运动之后，建筑系的学生们不再以个人为单位进行考试，而是能以小组为单位参加考试了。这样就给了一些学生偷懒的机会。

应该说，从那个时候起，我与这个东方国家就结下了不解之缘。那么我究竟是如何来到这里的呢？这就不得不提到两个非常重要的人——汉可梅（Macklin Hancock）和彼得·邱（Peter Yau）。我认识汉可梅和彼得·邱已经很久了。我1976年左右在Bregman and Hanman公司上班时就认识了汉可梅；彼得在绘图部工作，我在设计部工作。我们成了非常好的朋友。这之后的几年，我们失去了联

系。1995年我们再次相见，这就是人们常说的命运上演的好戏。

巧合的是，彼得和汉可梅因为一些和中国有关的工作而彼此认识。汉可梅请我和他一起参与陆家嘴项目的总体规划设计。因此在和彼得、汉可梅参加了大量的会谈之后，我们决定成立一个团体来为建筑设计和筹措资金提供整套的专业服务。于是我们，和哈罗德·鲁布拉（Harold Rubbra）一起，就这么成立了一家机构。

成立这个机构的目的是寻找投资方，决定有价值的项目，继而向中方提供从筹措资金、设计直至执行的整套方案。主意是很好的，我们都很兴奋。于是我和汉可梅、彼得开始出差，并最终完成了上海陆家嘴的总体规划。通过彼得，我又有机会结识了中国各地许许多多不同的人。

像之前说过的那样，我一直对远东地区有着非常强烈的兴趣。对我来说，那是种全新的文化。在日本与丹下健三共事的时候，我建立了与中国文化的最初联系。当然，在我第一次真正踏上中国土地，访问北京和南京，向那些历朝历代完成的令人叹为观止的作品致敬的时候，我感到更加惊异。在那些世纪里完工的建筑是多么伟大啊！

自从社会主义革命后，中国发生了巨大的变化。在很多年里，苏联一直都是对新生的中华人民共和国影响最大的国家。在毛泽东时代，许多建筑带有强烈的、仅见于苏式建筑的表达方式。一个重要的原因是苏联建筑师们的确在与其中国同行们携手

北京展览馆夜景。建于1954年的北京展览馆是中华人民共和国成立后第一座大型综合性展览馆，由苏联工程师设计援建，整体外观带有明显的俄罗斯风格。

合作，帮助中国人民设计那个时期的现代建筑。

然而在我看来，除去伟大的历史遗迹外，彼时的中国还并没有真正意义上的“建筑”。在1949年后，政府收回了所有房产资源，以供国家的再分配。在此后的数十年里，这项政策的一个副作用是它助长了普通民众对保护物产的冷漠态度，因为这些物产并不属于他们自己。无疑，这是一个自然而然的结果。我曾在访问东德的时候，观察到了同样的现象；我在访问戈尔巴乔夫开放时代下的苏联时，也曾发现了同样的问题。革命摧毁了中国的封建帝制和俄国的沙皇政权。但在这两个国家里，革命都留下了一块真空。人们并不十分关注那些不直接属于他们自己或其家人的东西；我认为人性如此。数十年的社会主义教育试图改变该观念，但尚未填补这一重要

的空白。

当然，在今天的中国，事情正在发生飞速的变化。土地依然属于国家，但在土地上盖起的楼属于建筑方，其结果是造成了建筑维护方面的巨大差异。与其他公用建筑不同的是，这些私有建筑被清洁得和任何西方国家里的建筑一样。对我来说，探索中国和它诸如此类的潜力是非常重要的，因为它开辟了充满伟大希望的新天地。对中国文化各自都有着深刻理解的汉可梅和彼得向我介绍中国文化，正是让我最全面地欣赏它。有太多的东西需要学习和探索了。

根据我的理解，我们能向中国社会提供一些帮助，也可以因之而从中获取多种利益，并收获深厚的友谊。我认为我们能成为中国人的好顾问，因为在相当长的时间里，中国的规划者们都把美国当作模范，当作理想。但在走到今天之前，美国在其发展过程中经历了大量失误。我们有能力向中国客户们提出建议，让他们避免走我们的老路，不吃我们曾经吃过的亏。比如，在两次世界大战期间，美国对汽车产业的发展给予了过多的关注。车商们疯狂地造车，使得车价很快能够被普通公众接受。此后，大量小轿车被售出。拥有一部车被宣扬为“美国梦”的一个核心组成部分。随着汽车行业的振兴，郊区扩展了，高速公路被修建起来，先是用以连接城郊，后来又用于提高城区内部各地间交通的效率。

一直以来，有着庞大人口基数的中国以美国城市作为解决交通问题的典范。当然了，高速公路是必须的。但它们在穿越城区的同

苏州园林是中国传统园林的典型代表，折射出中国文化中取法自然而又超越自然的深邃意境。

时，也把城市分割成不同的部分，并妨碍了各个社区的健康运行。20世纪60年代末期，美国人开始意识到这个问题。一股强烈的抵制运动在美国和加拿大随之而起。事实上，一段时间以前，多伦多的规划者们曾考虑把伽德纳高速公路放到地下，从而解决长久以来连接城区和安大略湖的交通问题。因此，在所有这些广阔的可能性都在我们面前徐徐展开的时候，我想，如果能在中国工作几年，必定是一个极好的机会，而且我们能帮助中国人不犯西方在发展过程中犯下的那些错误，能试图避免城市蔓延而创建新的城镇，能改善公共交通，在每个居民超过百万的城市建设地铁。有着13亿人口的中国，必须施行一套可以解决这些问题的正确方案，从而避免作出那些会导致严重后果、亡羊补牢仍然为时已晚的错误决定。

这个背景对我们来说是很重要的。但更重要的是对中国文化的理解，因为对不同的国家来说，解决问题的方式可以也应该不同。

作为欧洲建筑学的学生，我们成长在经典建筑的周围，这些经典建筑是如此之多，以至于我们会感到“受够了”。求学期间，我们四处探索亚平宁半岛无处不见的小城镇。它们中有很多都建于中世纪，约在公元1200至1400年期间。它们的建造者并没有遵循经典建筑学的规则，因为这些建筑成型早于创建了城市设计理论的文艺复兴时期。

从那时起我就意识到，我们从不可能无中生有。我们永远都需要从某物开始，或是从某处开始。这些想法使我得出了这样的结论，即在发展现代和未来的建筑上，历史的路径是非常重要的。如果不知道这个的话，我们就压根不会有现代建筑。建筑学的历史将使我们受益匪浅。举中国的庭院为例吧。庭院是一种缓和夏冬两季热冷天气的方式，它同时也可以减缓强风的影响，因为它可以创造一个能改善周边居民生活条件的小区域气候条件。因此，我的工作方式是试图理解中国文化，尤其是中国建筑文化，从其遗产中汲取精华，继而从中发展出一种扎根于中国历史的现代设计。

第三章　到东方去，发现“新世界”

就像我说的那样，我开始在中国工作就像是接受了命运的召唤一样。我的工作团队的每一位成员都是相当不寻常的。第一自然是汉可梅，我的意大利朋友弗兰卡·卡雷拉（Franca Carella）通过工程设计认识了他。弗兰卡本人拥有一家帮助瘾君子戒毒的慈善机构。有一天，她说要给我介绍多伦多一位非常著名的设计师，就是完成了当·米尔斯街区的总体规划的人。该街区的总体规划完成于20世纪60年代，并被证明是一个巨大的成功。于是我欣然应允。此后的一天，她把汉可梅和我都邀请过去，我们就这么认识了。我们开始讨论各自的职业经历和海外遭遇。原来汉可梅出生在江苏南京，还在沙特阿拉伯工作过。那是1995年的事情，汉可梅当年74岁。他很想把我介绍给他自己的联系人，于是我就准备了一些总结自己职业生涯的小册子。汉可梅格外感兴趣的是，我有城市规划的经验，而且和他一样，也有哈佛大学的学历。他既作过设计，也作过城市规划。然后就有这么一天，他说：“付瑞柯，我接到了一个从中国打来的电话，是一个对咱们俩感兴趣的人打来的，说是有一份非常重要的活计——上海的中央商务区陆家嘴的规划设计。我对此很感兴趣，我觉得咱们能一起共事。”我说：“好啊！我当然也感兴趣了。”于是我就去了他在米西索加的办公室。在那里我发现，原来他还有景观建筑学的学历。他在米西索加居住，还在那儿拥有一个非常漂亮的苗圃。令人惊异的是，他还有一架飞机，他曾驾驶着它飞到自己在北安大略的小屋那里去。汉可梅在“二战”时期曾是一名战斗机飞行员。

此后不久，我结识了我们的中方代理人。他本人也是建筑师，对于把这份工作交给我们以及和我们一起工作，向我们学习怎么作设计和城市规划，他深感兴趣。所以我们就作了精心的准备，决定前往上海。

1995年春，上海，付瑞柯第一次踏上中国的土地。

建设高峰时期的浦东，有近4000座楼宇工地同时在施工。

那时是1995年2月，我首次来到中国。我们抵达后，就立即感受到了文化冲击。那时的上海远没有今天这么发达，也没有今天这么漂亮。对我们来说，令人感兴趣的是正在开始重修的豫园和外滩。我们到了陆家嘴以后发现，那里只有一座东方明珠塔。我们上塔勘查了整个区域。非常吸引我的是我还从来没有规划过占地5平方公里的区域——而那正是规划用地的总面积。我们接受了这项工作，并投入其中。

那时候，我们被安排住在城市酒店，当时为数不多的酒店之一。这是一家位于老旧棚户区中间地带的现代酒店。我们登记入住，上楼进房休息。第二天早晨，我打开窗帘，向外望去。我震

惊了。我从来没见过同时有这么多建筑一起开工的景象。于是我开始数在施工的起重机的数量。仅仅在我的视线内，我就发现了39个高层建筑正在动工。想想就会知道，如果我能有360度的视角，这个数字可能会达到200至300个左右。那是一次相当难以置信的经历。我一辈子都没见过这样的规模。我记得1976年刚到多伦多时，目力所及的建筑只有蒙特利尔银行、TD银行和新斯科舍银行，其他什么都没有。20世纪70年代在多伦多掀起的建设热潮根本就不能和90年代在中国发生的一切相提并论。从那时开始，我一直把中国看作是建筑师的天堂。只有在这里，一名建筑师才能够完成在发达国家根本无法想象的设计。

上海老城区

工程设计开始后不久，我们决定去看看上海的一些老城区。那是一次很特别的经历。我发现多数建筑亟需重修。事实上，那也正是中国绝大多数地方开始拆除旧建筑，搬迁老住户，盖起摩天大楼的时代。陆家嘴也是一样。

1995年春，付瑞柯从上海都市酒店看到的景色。

我记得刚到上海不久，我们连续开了两天的会。会后我病得很厉害，因为空气污染非常严重，有很多尘土，会议地点又没有暖气，非常冷。有一天我们坐在会议桌边上，服务员给我们一人一听可乐。但过了五分钟，我们就都快被冻死了，只能把可乐退回去。这时候我们的中方同行们才发现我们觉得冷，他们就开始给我们上茶。于是我们就经常喝茶，并通过用手握着茶杯来取暖。当时政府办公室没有暖气，所以工作人员都是穿着大衣坐在办公室里。其实上海并不是那么冷的一座城市——肯定没有多伦多那么冷——但那里的潮湿度非常高。我们不习惯这种湿冷的环境，和又冷又干的环境相比，又冷又湿的环境要更加难于抵御。不管究竟是什么原因造成的，总之我病了，去药店买了各种各样包括蛇胆在内的药，然后

香港九龙半岛尖沙咀全景

才把咽喉疼痛治好。

在四五天的会议、现场勘查和讨论之后，对方想要知道我们的设计观念，我们在想什么，和我们认为中央商务区应该有什么。我们的确有一些创意，但汉可梅和我都没接受过这么高密度的发展项目。汉可梅做过的最大的项目是沙特阿拉伯的阿卜杜勒·阿齐兹国王大学，而和中方希望在陆家嘴建设的项目密度相比，那里的密度是相当低的。当然，对一个人口高度集中的地域来说，我认为这是符合逻辑的。这里的人们必须高密度发展，从而节约土地。

在所有会谈结束之后，我们决定访问香港，一个最接近现代意义上的中国的大都会。在那里，建筑师和规划者们在高密度发展环境下，完成了各种各样的开发项目。我们在香港停留了三四天，访

问了港岛、九龙，参观了很多购物中心，包括多功能发展的太平洋百货在内。

对中央商务区的规划，陆家嘴的中国同行们也考虑采用多功能发展的方式：有一个必须涵盖办公建筑和银行的核心区域还不够，必须同时考虑到住宅部分，不然整个区域就会变成很多美国大都市一样的“现代鬼城”。这是我们总体规划的积极方面。在亲历了高密度发展的香港后，我们收集了所有相关的信息。那是我第二次去香港。我第一次去是1971年到东京和丹下健三共事的途中经过那里。1995年再次访问时，我发现香港发生了巨大的变化，并已经成为一个有着激动人心的建筑，也可以给所有高密度地区提供有趣的解决方案的现代都市。

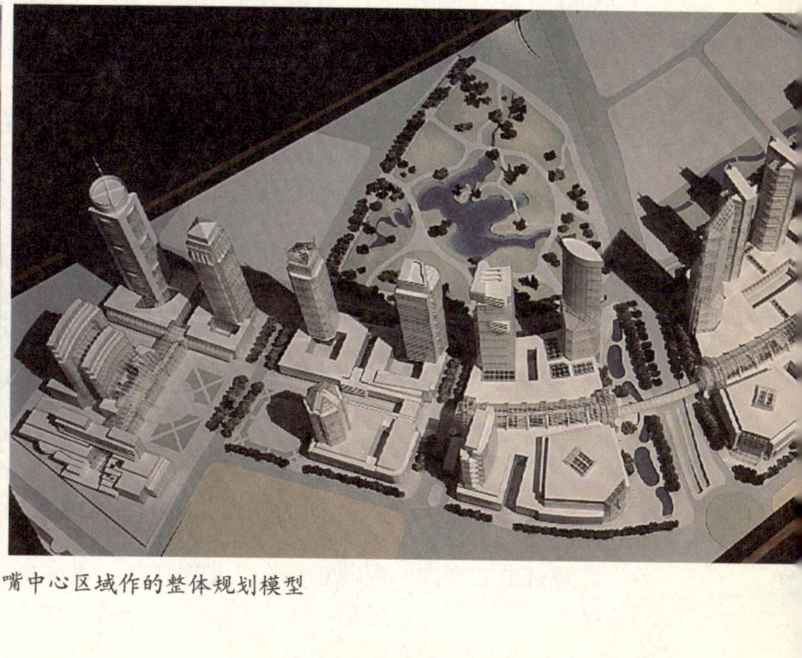

付瑞柯为上海陆家嘴中心区域作的整体规划模型

此后，我们回到多伦多，并在那里工作了两个月左右，集中地测试各种对上海陆家嘴CBD有用的新观念。我们最终产品的概念考虑到了把地铁、轻轨、公交系统和谐运转的交通枢纽作为该项目和整个中央商务区的核心。我可以充满信心地说，我们的这个概念揭开了今天被称为TOD——公共交通导向型发展模式的序幕。

具体来说，我们的设计观是把中央商务区变成一个交通枢纽，这里是不仅所有交通系统的聚合点，也是商业、住宅、办公和购物等多功能发展的中心地。换句话说，这是个人们几乎足不出户就可以“工作、生活、游玩”的地方。我们同时引入了另一个概念，就是用商业区的底层空间，把购物中心与交通系统连接起来，这样人们到了中央商务区，就能购物、工作和居住了，也就减少了上下班高峰阶段的出行时间，并减轻了污染问题和交通堵塞问题。我们到了上海，和陆家嘴的人们会谈，并介绍了我们的理念。他们对此非常感兴趣。他们非常喜欢我们为CBD核心所引入的商业长廊的主意——这和多伦多伊顿购物中心的理念是相似的，只是陆家嘴的项目要大很多，而且要在不同楼层上连接很多城市区段。五六层以下是为购物活动预备的，而之上诸层则是机构、银行、政府等单位的办公场所。在这个项目的边缘，靠近黄浦江和CBD的边上，我们设计了能让这个中央商务区变成24小时不夜天的居住地带。我们宣扬的CBD经验是与他人不同的。比如美国各地的中央商务区就缺乏对住宅部分的考虑，因此它们在八小时之外，就会变成“死城”。

陆家嘴的人们对我们的设计理念非常感兴趣。他们批准了这个设计方案。于是我们回到了多伦多，按他们的要求作出了一些调整，又作了个展示，之后就大功告成了。尽管如此，并不是我们所有的主意都在CBD实施过程中被采纳了。我们引入了一种能让政府和私营开发商们共同参与项目开发的机制。这项机制对顶部办公区域下的商业长廊部分的实施是必需的。但这个主意的实施遇到了困难，因为土地被块状地卖给了不同的开发商。这就造成了我们商业长廊的概念未能实现。尽管如此，陆家嘴金融中心的设计还是与我们的最初设计非常相似的，只是其外观完全不同了。这是我第一次在中国工作的项目，也是第一次完成一个高密度项目。

我们参观陆家嘴的时候，地方政府刚刚完成对区域内老旧民宅的拆毁工作，为中央商务区的规划用地腾出了地方。这是政府方面的伟大决定，因为与黄浦江和外滩相对的陆家嘴正是上海CBD的理想位置。但我们还是向地方官员们表示了我们对拆迁民宅的关注。全部拆迁民宅是一个错误，因为一些民宅是有重要的建筑或历史价值的。有一些地方的民俗和独特景致是亟待保护的。比如新天地地区，就是工业与民用建筑的综合体。设计师们开发并维修了区域内所有的建筑。现在，那里已经成了全上海最成功、最富民俗情调的区域之一，有着很多餐馆、娱乐场所和各类小商店。年轻人和游客们都会去新天地的酒吧和餐馆，现在那里已经成了一个非常令人舒适的地方。我记得那时在城里散步的时候，看到的很多现代建筑外表都满是灰尘，就好像他们建起了这些高楼，却没感觉到什么有特别要维护它们的紧迫性似的。我想这是因为在最开始，设计师脑子里是没有什么楼体维护的观念的。但现在，这个观念的必要性已经受到了广泛的认可。

陆家嘴的总体规划项目，是我和汉可梅合作完成的。汉可梅的专业是城市规划，而我的背景是都市设计和建筑学。我还通过安大略出口企业官员菲利普·王的引见而认识了两名中方的合作伙伴。作为安大略政府的代表，菲利普负责指导从事对华出口服务或制造业的安大略企业。我非常感激他，因为他也是把我介绍到中国的重要人物之一。他还向我介绍了一些后来在中国的生意伙伴。在向潜在客户提供对我们职业能力、在规定预算及时间内完成项目的职业水平的鉴定方面，菲利普也给予了非常大的帮助。他还同时为我们和对安大略制造业及服务提供商感兴趣的中国商人担任顾问。后来我与之在北京共事了两到三年的前合作伙伴，也是菲利普向我引荐的。她毕业于结构工程系，曾在北京设计院工作过，因为对建材生意感兴趣而辞了职。随后，在中国尚未生产瓷砖和大理石的时候，她对意大利的这些建材进行了研究。在很多竞争对手开始在中国生产瓷砖、切割大理石之前，她就已经做了几年进口生意。然后她再次辞职，又投身于建筑设计领域。

在工作过程中，我曾向菲利普说过，我想在中国东北正处于腾飞阶段的辽宁省大连市开设一间办公室。所以菲利普就向我引荐了

付瑞柯与他的合作伙伴綦军一起工作。

綦军。綦军那时已移民至加拿大，但在看到祖国的发展速度后，他又回到了中国。綦军和我开始一起工作。他成了我所共事过的最有效率的中国建筑师。正是他策划了我们在大连外国语学院项目上的竞标。直到今天，綦军仍是我共事时间最长的中方合作伙伴。当然，由于文化差异和观点上的不同，我们曾在一些事情上有过分歧，但最后一切都顺利解决，我们的合作持续至今。綦军的能力在于他能有效地与中国客户进行沟通，并理解中国文化。他的建议一直都很宝贵，因为它们使我更明确那些自己没有考虑到的方面。

让我来到中国的一个重要原因是我的家庭遭遇了一件重大的不幸。我的长子在一场交通事故中丧生，巨大的悲痛让我想远离加拿大，远离多伦多。尼古拉斯（Nickolas）是我的长子，那是1996年的事情。我们在由香港开发商领衔的北京金融中心项目上，和汉可梅共事。在项目最开始的阶段，尼古拉斯是和我们一起工作的。我们有那么整整一周都在努力工作，到了周五下午回家的时候，我俩都累坏了。尼古拉斯告诉我，他想去参加一个聚会，见些朋友。因为我们计划不久之后就到中国去，我于是同意了，他就走了。我和其他家人一起度过了那个晚上。我们整晚都在等尼古拉斯，但他没有回来。等待的经历非常煎熬。到了周六，我们四处去找他。我妻子在看电视的时候，发现新闻里说有一个年轻人被醉驾司机撞死了。她突然有一种奇怪的感觉，因为新闻上说遇难者出事时正在骑自行车，而且身上没有证件。她告诉我，她那晚看到尼克不顾我们的建议，骑着她的自行车出了门。周日那天晚上，妻子告诉我她觉得新闻里说的死者的那辆自行车像是她的。我说："别啊，可别告诉我这些了。"我俩都开始深深地忧虑，不知道尼克究竟发生了什么事情。所以我们就报警了。来我家的那名警官对我们说："你瞧，现在最好的办法是你们自己来看看。"于是我们开车跟着那警官到了殡仪馆。他们把一名年轻人的尸体从冷冻柜里拉了出来。我看着它，第一反应是抗拒。直到我仔细端详那双手之前，我都认不出是他。尼古拉斯的手非常好看；他练习钢琴，还会几种乐器。那就是他的手。那就是他。

这是如此巨大的震惊，我简直不能相信它竟然就如此发生了。震惊和悲痛笼罩着我。在接下来的很多天，甚至很多个月里，我都无法思考。不要提集中精力在工作上了，我压根连什么都做不了。我不理解为什么会发生这样的事情。在尼古拉斯的身上，我倾注了自己所有的信仰、目标和希望。然而顷刻之间，我看到一切事物轰

然倒塌，整个世界支离破碎。我直到现在还是不能描述这件事情。我想，可能只有那些也经历了丧子之痛的人才能理解这种感觉。白发人送黑发人，这种现象本身就是不正常的。

突然之间，生活对我失去了意义。为了疗伤，我的妻子参加了群体治疗。但在适应这件事上，我感觉自己更加痛苦。在小组疗法中，丧子的父母们向彼此倾诉各自的惨剧。一些故事是如此令人备受折磨，它们给我造成了更多的痛苦。因此在某一时刻，我告诉我自己，我不能再听下去了。我决定我必须得做些什么事情；我得出去。我得抛弃既有的环境，到别的地方去，在别的地方生活。

中国恰好给了我这样的一个机会，因为我所有的渴望都在于设计出好的建筑，完成大规模的项目。我觉得集中精力工作可能会让我远离这种时刻烦扰的痛苦，重拾丧失了的对生活的自信，或者至少帮助我继续活下去。

在中国的经历是非常有帮助的。慢慢地，我重新振作了精神，开始了在项目上的工作。我不能说所有的伤痕都已经消散，但在工作过程中，我逐渐习惯了应对痛苦。但对我来讲，爱子之丧，其痛之深，终归是此生难平的。

我觉得我生命里经历的事多少都是福祸并倚的。这和中国哲学是一样的：“祸兮福之所倚”。对我来说，在中国的工作经历就是这个“福”。

1996年我接手了浦东接待中心这个项目，这是我在中国的第二个项目。一名上海建筑师成为了我们此项目的代理人。他在移民加拿大之后又开始对在中国继续从事工作感兴趣了，因为他在加拿大发现，融入当地社会、找到一份有尊严的工作是很难的，尤其是在他自己英语又不好的情况下。他在多伦多找不到合适的工作。由于和北美相比，中国的发展速度是如此令人惊异，他决定回国奉献自己的精力，并希望最终能拥有自己的工作室。然后，他参与了浦东接待中心项目。

这是一个非常具有挑战性的项目，一家澳大利亚的设计院和另一家美国的设计院被邀请参与竞标，同时参加比赛的有一批包括同济大学设计院在内的颇具声望的中国设计院。我们有30天的时间来

付瑞柯设计的上海浦东会展中心

上海浦东会展中心的整体规划模型

完成约40万平米的主规划。

项目开发分为两个阶段，接待中心，这是项目的最初名称，包括一个会展中心和一家与之相配的四星级宾馆。

我们想出了一个相当非传统的主意，即用U型的宾馆房间格局，悬建在高高的柱子上，这样就能从处于U型中间的中庭那里看到美丽的花园。中庭本身也是与会展中心相连的。由客户们选出的委员会认为我们的设计理念是激动人心的，因此让我们和同济大学设计院入选了第二轮的竞赛。客户们要求作出一些设计上的修改。最终，在两星期的努力之后，我们被宣布为竞赛的赢家，项目被授予我们实施。

我们在这个项目中投入了极大的热忱。这是一次极有意义的机遇，因为宾馆/会展中心的相关设施是用于承办国际会议的，而那意味着我们的设计将会呈现在重要的决策者面前。不幸的是，我们的方案最终只有三四成被采纳，相当令人遗憾。

作为外国建筑师，我们在中国允许作的是初步设计。这是竞标结束后，概念设计之后的第二个步骤。在初步设计中，我们以相对详细的方式，把所有的想法都付诸笔端。我们确定材料的使用和施工的细节。此后，当地设计师们用这些想法，开始画规划图。但在中国，项目一到了地方设计师手里，就开始出现了戏剧性的变化，并失去了自己的特质。我们设计的接待中心是非常漂亮的，对此我很有信心。但随后发生的事情是，政府决定改变建筑用途，并把它从一个接待中心变成了一个少年宫。所有形状、设计、酒店及其传统设施一律留用，只是用途发生了变化。其结果是，所有内部元件都没有发挥设计者所想要它发挥的作用。建筑还是那座建筑，但它没有我们设计它的时候那么吸引人了。

这个项目使我们在中国的工作稳定了下来，因为在接手陆家嘴项目的时候，我们还没有一间在华的办公室，所以必须在多伦多工作，并乘坐飞机来回商谈。但在成立办公室，与年轻的中国建筑师联手后，我就开始越来越多地把时间花在中国。

第四章　理解与挑战

对我们西方人来说，刚刚抵达中国后所感受到的文化冲击是非常具体的。1995年我和工作伙伴从北美来到了一个当时自行车还是主要交通工具的社会。路面有一些公交车，但是没有地铁，而且出租车系统并没有得到很好的发展。在某种意义上，我们羡慕上海的每个早晨那成千上万的自行车流，自行车像河水一样从城市的一处流到另一处。对我们来说，一个真正的震撼是人们在交通灯周边自由行走，仿佛它们根本不存在一样。不光是行人，开轿车、出租车和骑自行车的人都似乎不期望看到什么交通信号。红绿灯是有的，但有些车开起来就像是在跳舞一样。出租车司机总是在红灯时，试图避免和迎面冲来的车辆撞上，而其他在绿灯后过马路的人则试图避免和相反方向驶来的车辆撞上。这是令人

上个世纪90年代初的上海，街道上的自行车流。

难以置信的经历，因为我们所惯于服从的纪律和惯于遵从的交通规则在中国完全不同。虽然交通灯还是在那儿，但所有人走路开车的时候，还只是遵从于他们认为正确的个人逻辑。

我见到一个老妇人推着上面装满了巨大无比的厚纸板的三轮车闯红灯。我猜那些厚纸板，是她捡来卖钱的。老妇人用力地推着三轮车，来到了路的中间。但她年纪太大了，没有什么力气，所以移动得非常缓慢。与此同时，交通灯变绿，对面的车都开过来了。一名警察跳到路中间，停止交通，让大家等着老妇人走过去。我们也停下来，看着这一切。我猜那个警察有点上火了，他站在那儿，给老妇人开了张罚单。一张罚单，才能让人们知道红灯在那里，不能在亮红灯的时候过马路。

但这是那个时候的事情。如果现在去上海，你会看到一座美丽、干净而井然有序的城市，那里的人们尊重交通灯的指示。这是在仅14年里——我在这期间访问了上海数百次——发生的非常戏剧性的变化。在2010年世博会后，上海更会达到前所未有的发展高峰。

对我来说，在试图理解中国文化方面，学而时习之是必须的。隔一段时间在中国待上一个月，然后再回到欧洲——这样的方式会让人对中国文化的理解受到非常大的局限。要理解中国文化的复杂性——比如说，那些日常的、只能意会不能言传的、在西方社会全然不存在的为人处世的方式——必须要住在这里。外人在和这里的

人们打交道时必须非常谨慎，因为有些时候，中国人有理解其文化的独特方式。例如，在和中国客户打交道的时候，大家都已经知道的是，我们的态度不能太强烈，表达也不能太直接，否则就会构成对对方的冒犯。在外方对中方的某个观点持相反意见时，尤其如此。在这些情况下，外方必须找到一种圆滑的办法，不是那么过于直接地把自己的信息传递过去。

尽管如此，在表达意见方面，我发现中国客户是从善如流的，而且和北美人相比，观念也更加开放。现代性在中国受到了远多于在北美的珍视。中国人永远都想要最新的、独家的设计，而不想成为模仿者。在这种观念的影响下，一旦一个特定的设计成型了，设计师就再也不能回头，而把该设计应用于另一个城市的相似建筑——这正是在北美的常规，北美建筑师惯于把在一座城市的某建筑的设计稍微修改一下，就用于其他某处的另一建筑。但在中国，人们喜欢自己与众不同。因此，每当我们有新的、好的主意的时候，他们就会接受，就会喜欢。

当然，实施是另一回事。早些年间在中国工作，尤其是将外国建筑师的观念付诸实践，是非常困难的。但现在，一切都好很多了。到处都可以看到非常漂亮的建筑——比如，南京最高的建筑（紫峰大厦——编者注）就非常引人注目。我认为那是因为客户尊重了建筑师的最初设计理念。一般来讲，在给客户设计建筑的时候，我们相信我们的设计是对的，而且会坚持这种信念。有些时候

我采取了坚定的姿态来传达这样的信息：我的设计是对的。客户们不一定非常明确什么样的设计对他们最好。我们常与之打交道的客户，在建筑设计方面要么教育程度不够，要么经验不足。

换句话说，在中国，一套设计方案的完成过程比在北美要复杂得多。这里的客户想确认你的主意是最好的主意，所以他们会让你作出大量的备选设计。要不然，他们就会以一种间接的方式来请我们作出调整。在作出很多改动之后，他们才会拿起这份方案和所有其他的备选方案，然后再作出更多改动的决定。最终，又是几轮修改之后，他们才安下心来，接受设计方案。我第一次在这里设计建筑的时候也感到很苦恼，因为我不能理解这些人怎么会这么轻易地改变自己的主意。后来我才发现，只有在拿到多份备选方案后，他们才能真正地从中选择出一份。

我们的中国客户都会从我递交的数份不同的方案中进行选择。有时候，这些方案中的每一个会完全不同。这是因为在开始阶段，客户们对项目本身并没有一个清楚的主意；他们给我们的也不过是一个模糊的概念而已。这对许多建筑师来说都是个令人沮丧的过程，因为他们无法期望这些为了所有调整而付出的多余的劳动会得到任何报酬。预算依旧；我们只是永远不会知道要拖多久才能确定方案。有时这个过程要耗几个月，但在其他时候，则远不用花那么长的时间。

另外一件令我印象深刻的事情，是中国的建设速度。每次去

辽宁抚顺大剧院鸟瞰图，这是付瑞柯2009年的新作品。

上海的时候，我们都会目睹令人惊异的变化。我们注意到，那些工地上的建筑工人是24小时轮班工作的。这样一来，在北美需要两三年建成的大型高层建筑，在中国可以在9—12个月里完工。当然，我们在1995年首次访问中国时，的确听到了对建筑质量和细节的抱怨，那些建筑本身也处于未成熟的阶段。那时中国的A级建筑根本无法和北美的相应建筑相比，一幢中国的A级建筑可能只相当于北美的C级建筑。现在，这一差距已经大大缩小了。我认为在中国，建设的主要问题是工人绝大多数来自农村，缺乏专业训练。数以百万计的人们离开农业生产，来到振兴的城市之中，抱着挣钱的希望在建筑工地里干活。但他们没有接受过达到标准的训练。与之相对应的是，需要大量经验丰富又能为这些工人提供日常辅导的管理人员。一旦他们缺席，事故就是不可避免的了。例如，在南京青少年科技活动中心的建设过程中，屋顶着火了，原因就是一个缺乏训练的工人在焊接过程中，没有对屋顶保温材料进行有效保护，造成其过热并最终失火。最开始着火的是屋顶的一小部分，随后，在消防队员赶到现场来扑救前，火势就迅速蔓延到了整个屋顶。

我认为，现在各地的施工已经慢慢完善起来了。但在1995年，很多细节要么没有完成，要么没有正确完成，因为在那时还没有什么质量管理的概念。各个板块只不过是被拼凑到了一起。工地上欠缺有知识的管理人，而且在工人上工前的培训也出现欠缺。我在参观工地时，看见工人大军睡在工地上的临时住所的时候，也感到震惊。那样的事情在西方社会是不可想象的。我们在设计大连外国语学院的时候，工地上共有3000人之多，因为我们的客户想在两年内完成这个50万平方米的项目。最终，在调集庞大的人力以后，项目的确按时完工了。这就是中国的力量——人的力量。如果需要更快做完某件事，那么就会投入更多人力到这项工作当中去。在大连外国语学院的例子里，由于资金短缺，所有景观美化都是在第三年完成的，因此施工总共花了三年。绝大多数工人来自偏远地区的农村，又是家里的主要劳动力。他们不仅在工地上工作，而且也在那里生活和休息。在任何建筑工地，人们都能看到极多工人住在拥挤的工棚里。

尽管如此，通过这样的方式，中国实现了令人惊异的建设速度。我不夸张地说，如果有这个必要，一座30层高的大楼就可以在一年之内盖好。但我的确从在大连的公寓里亲眼目睹了一座22层高的钢筋混凝土大楼在四个半月内拔地而起。

中国的巨大变化，得益于其政治方向的激进变化。邓小平把中国推向了现代化，他完成了中国的第二次革命。第一次自然是毛泽东赶走了帝国主义势力的革命。但引领中国走上现代化道路的是邓小平。他继承了毛泽东与尼克松及西方各国谈判的遗产，并更新了资本主义西方并不永远是社会主义中国之敌的观念。他开放了中国，并相信中国有可以向西方学习的地方，反之亦然。邓小平之后的中国党政领导人也追随了他的道路，并阔步前进。在美国建筑师开始前往中国的20世纪70年代末期，邓小平刚刚掌权不久。那时和之后的很多年里，建筑师无须竞标即可获得项目。这带来了腐败的隐忧。为了掌控局势，不让其发展到

1979年1月1日，美国《时代》周刊新年特刊将邓小平评选为年度风云人物，邓小平和他领导的中国令世界瞩目。

不可控制的地步，中国政府最终决定公开透明，并开始了招标竞标。

在南京青少年科技活动中心这一个项目上，参与招标的就有上海和北京的设计院、一家日本公司、一家澳洲公司和一家美国公司。我们的最终中标，是由专家委员会评定的。

中国向现代化大踏步前进，但直到最近，很多本土建筑师都没有机会出国，学习新鲜的建筑观念。因此，不少地方政府更愿意雇用外国建筑师，因为它们想要的是一些现代化的、不同的东西。这还不用说，与外国机构的合作还有更多的益处：它给中方提供了向外国机构学习设计方法、项目管理和生产细节的机会。中方客户不想要那些不加任何演绎就径直从档案里头挑选出来的复制方案。

有一段时间，北京大多数新的高层建筑都盖上了一种中式屋

在中国完成的项目中，南京青少年科技活动中心是付瑞柯最喜欢的作品之一。

顶。那些建筑本身看起来都是很现代的，但是被套上了中式的屋顶。这是因为当时的个别领导认为应该通过某种方式，在现代中国建筑上展示其与旧日辉煌建筑的联系。因此，北京许多大型建筑都投其所好，被扣上了中式的大屋顶。幸运的是，这些领导人早已远离人们的视线，所有当地建筑也都可以不用再受制于缺乏想象力的模仿，而是能够自由发挥其现代化的特质了。

我们在南京的客户就不想要一个半今半古的中式建筑。他们的观点很明确：要一个现代的产品。他们同时还要求景观美化部分也必须是现代的。也就是说，他们有不再拘泥于中国传统文化的意愿。

现在情况变得更加平衡了。我认为年迈的一代已经慢慢逝去，逐渐走向前台的是更年轻的、更开放的一代人。在南京青少年科技活动中心的招投标阶段，我对中方竞标者是否会使用政治压力左右专家委员会的评议颇感忧虑。但最后，胜出的是我们。这说明专家评议是透明的，政治影响也没有发挥什么作用。

尽管如此，必须指出的是，在当下中国工作的最大问题，是中方建筑设计院的费用非常低。与北美、欧洲相比，中国政府为补偿企业所设置的调节税也很低。虽然近来有所提高，但这些费用还是低于国际标准。我们当时的客户想要最好的西方设计，却只愿付给跟中方设计院一样的、非常低的费用。在费用问题上，我们同客户反复谈判了三天，然而客户最终的报价仍比我们认为合理的价格要低。最后，在进入中国市场这个强烈意愿的推动下，我还是让步了。我接受的报价是加拿大客户在相似项目上付款的大约50%。另外，中方客户们期望我们在商定的成本内，完成所有可能的备选设计，作出所有可能的改动。那时，加拿大的劳动力和生产成本意味着我们几乎不会得到什么经济利益。我注意到，唯一的方法是在中国本土展开工作。所以，我们才留下来，完成了南京青少年科技活动中心的设计。我们中了标，又在中国完成了初步设计和概念设计。在大多数情况下，在中国做项目的利润是非常低的。但对我们这样的人来说，设计出漂亮建筑所伴生的那种满足感才是最重要的。

和早些年相比，在今天的中国作设计越来越不挣钱了。这是因

南京青少年科技活动中心的建设场景

南京青少年科技活动中心内部实景

为和十年前比，中国人工的成本提高了三到四倍。政府又为雇员增加了很多福利和附加税。原先，中国雇员在周末也照常工作；而现在，他们有了双休日。终会有那么一天，当人工成本继续升高的时候，在中国工作对外国建筑师来说就不会那么有意义了，除非他们的费用也涨到了国际水平。

通常来讲，我们在中国被允许做的是初步设计，设计规划和设计图一般都是由当地建筑师完成的。我们对中国的规则和条例并不熟悉，比如说，我们不知道中国在地震测算方面的要求，因为和北美相比，中国的地震既强烈得多，又频繁得多。因此，我们必须和当地机构进行合作。举南京青少年科技活动中心为例，由于费用很低，我们与客户商议能否从当地设计院借调一些员工，从而减少我方开销。地方设计院最终以很合理的价格借调给我们六个人，而我们也因此而获取了微薄的利润。

那时，一个相对有些经验的中国建筑师每月能挣1000元左右，这在当时的情况下已经是很多钱了。到了2009年，他们每月的薪水能达到五六千元，再加上福利。在一般的中国城市，雇用一名中国员工每月需要花费9000元，而在上海，一个初级建筑师就能每年拿到10万多元，而项目经理的年收入从25万到40万不等。这样的待遇和过去相比改变了很多。随之带来的最大问题是和过去相比，今天的雇员们要价更高，涉及到外国企业时尤其如此，他们认为我们挣很多钱。相比之下，当地的初级设计师常常是免费劳动的，以便最终得到工作岗位。也就是说，我们是在和开销很低的当地人士一起竞争。我们没有办法跟他们竞争，因为我们的总开销要高得多，也因为连我们的房东都会因为我们是外国人而收取更多的租金。

在中国做生意的挑战来自于各方面：低报酬、客户的多重需求、对次次变动免于收费的要求，如此种种。所有变动所产生的费用都包含在协定佣金内。在极少情况下，我们才能收取为调整所付出劳动的额外费用。

我们面临的最大问题，是为政府提供咨询的人士并不是在所有情况下都能胜任其职。通常会发生这样的事情，就是你出设计，对

方看到图纸，发散思维，然后再让你改动。这样的改动一般会有三到五次，他们才会停止。在一些项目上，客户让我们提供四种不同的方案，以供他们选择最优方案。我认为是对我们缺乏信心，才让他们需要我们做出不同的方案，供其从优挑选。中国客户们通常如此，对我们能否为其提供顶级的职业服务将信将疑。他们没有注意到的是，职业素养是我们任何情况下都尊重的道德信条。我们被要求准备越多的方案，投入到工作中的热情就会越低，因为我们会感到疲倦，而且永远不知道客户什么时候会宣布满意的状态也会让我们感到忧虑。

在很多情况下，当客户强调需要多种设计的时候，我们就会告诉他们，第一个设计往往就是最好的设计，因为我们作第一个设计时往往会全神贯注。在客户们要求作出变动的时候，我就得绞尽脑汁地想出点不同的东西，而这只是为了让客户满意而已。有时候客户会让我们工作得很辛苦。在这种条件下，我认为真正的挑战是不信任。他们不认为我们是严肃而有献身精神的职业人。当然，在发达的大都市与小一些的城市之间，还是存在着明显的区别的。大城市里的客户受教育程度更高，也更倾向于不提出那么多的要求。相比之下，那些教育程度没有那么高的小城市的客户，往往会让我们付出更多的劳动。

交通银行南京分行的设计是非常成功的，因为我和客户在南京青少年科技活动中心项目中就曾经合作过。他们知道我们是怎

交通银行南京分行的项目是付瑞柯的另一得意之作。

么设计南京青少年科技活动中心的，所以很信任我们。他们看到我的设计后，没有再向我要求提供另一个方案。一些官员对接受我们的某些特定的设计迟疑良久，并要求我们作出调整。我相信他们之所以有这样的决定，是因为缺乏对良好设计的理解力。但由于客户非常支持我们并试图帮助我们与官员进行协调，最后，我们没有什么特别大的改动。这是因为我们的客户信任我们。这就使我们的工作和很多其他项目相比要简单得多了。当你第一次为客户工作的时候，他们不太容易完全信赖你。这种信任和信心通常是慢慢建立起来的，从而使双方都能够在第二次和以后的合作中，各自将最佳的专业能力充分地发挥出来。

原加拿大安大略省经济发展和贸易厅长郭迪安、南京青少年科技活动中心有限公司总裁黄先生和付瑞柯合影。

我们逐渐了解到有些时候，当地设计院在拿到项目后，会把工作安排给并不非常胜任于该项任务的年轻人。也就是说有时候，客户没法拿到专业的设计作品。我认为这种情况的出现是由于客户对外国人的不信任——他们可能并不认为外国建筑师能够完成同样的工作。在西方，我们必须遵从一部成文的职业道德规范。该规范禁止所有从业者从事非专业的工作，违者可被建筑师协会罚款，甚至吊销执照。然而在中国是没有这样的道德规范的。因此，客户就没有对一个专业人士可以也能够完成专业工作的基本信任。当他们开始理解我们非常敬业的时候，事情就大不一样了。

但不幸的是，我们并没有太多回头客。交通银行南京分行的项目经理曾是一家设计院的负责人，因此他是非常合格的人选。他喜欢我们的设计，并在我们中标后向我们表示这是最好的设计。为了中标，我们的竞争对手花了很多心思。他们极大地降低了费用，使之仅为我们要价的50%。从个人角度讲，我认为这是非常不道德的。在西方，建筑师协会将会把以卑鄙态度试图损害他人工作的设计机构诉诸法律。这种损害我们合同的做法使我们不得不接受低价。为了表明对客户的忠诚，我们在工作上展现了最大的职业能力。就像我说过的，与中国客户建立良好的关系和信任对我们说一直都是一项相当大的挑战。

第五章 中国建筑的新时代

对于中国的建筑发展，我的观点从来都是清晰的：在向外国建筑开放的同时，中国也在向环球文化开放。像中国一样，直到20世纪最初十年，甚至到了20世纪20年代，很多国家的建筑风格还都是区域性的。他们每个都有强烈而独特的性格。在第一次世界大战前不久，德国、法国和意大利爆发了建筑革新运动。到了20世纪二三十年代，这项运动的扩散是如此之广，它在受到德国希特勒和意大利墨索里尼的纳粹迫害后，进入了美国。很多知识分子，尤其是那些犹太籍的和不接受法西斯哲学的，纷纷逃命到美国。与此同时，在德国和意大利，那个时期的现代建筑风格被称为“法西斯建筑”。代表了政权的建筑师们基本上抛弃了经典建筑学里的所有装饰，试图创建自己的风格。此时，那些反对政权建筑学的知识分子们针锋相对地设计着所谓“理性主义建筑”。这种深深扎根于欧洲的建筑哲学偏离了法西斯主义，并在美国得到发展。

逐渐地，通过书、杂志和大众传媒，理性主义建筑遍布世界各地。诸如瓦尔特·格罗皮乌斯（德裔美国建筑师，现代主义建筑学派的倡导人之一，包豪斯的创办人。——编者注）、勒·柯布西耶（20世纪最重要的建筑师之一，是现代建筑运动的激进分子和主将。——编者注）和密斯·凡·德罗（德国建筑师，也是最著名的现代主义建筑大师之一。——编者注）这样的人成为了新趋势下的大师，所有人都对他们的设计翘首以待。这种风格非常快地成了全球潮流；与之相应的是，到那时为止一直被各国文化设置的美学壁垒开始倒塌了。我们开始进入我愿意称之为“环球建筑学”的时代。

当时的中国和苏联一样，经历了战争、饥饿和封锁，对这样的信息知之甚少。在数十年里，中国建筑都没有赶上国际建筑的步伐。改革开放改变了这一切。外国媒体终于向建筑师们、教授们、学生们开放了，他们知道了在世界其他地方发生的事情。在此前的几十年里，由于实验社会主义模式将资本主义视为原生文化的大敌，中国处于落后状态。领导人们所不理解的是，现代建筑并不是建立在资本主义原则之上的。那个时期最受欢迎的建筑师都在试图利用工业增长，大规模建造建筑。理性主义建筑大师们的哲学思想不是资本主义的。相反，他们的意识形态是非常有社会主义倾向的。他们试图降低生产成本，为社会需要提供建筑，建造廉租房，并消除广布整个欧洲的贫民窟。也就是说，他们中的绝大多数都是坚持社会主义原则的。然而有趣的是，最大的两个社会主义国家中国和苏联那时候都不承认这一点，因为两国都在致力于创造一种能代表他们自已对社会主义意识形态的认识的建筑学风格。在某种意

义上，这真是很讽刺的事情！

时至今日，俱往矣——中国已经对环球文化开放了。未来的建筑风格将会成为全世界风行的；它已经变得很常见，并在渗入全球每一个角落了。这是现在真实发生的事情，因为各地间联系越来越紧密，马歇尔·麦克卢汉管这种现象叫“地球村”。中国的城市正在变成北美和北欧那样的大都市。通过引入外国建筑师，中国正逐渐接触到现代的科技和材料。其结果是，中国的建筑与外面的世界越来越相似。我把这看作一个不可避免的过程，一个标志着我称为“区域主义”或“民族主义”建筑风格的终结的过程。

我发现在早些年，大多数中国建筑师都以北美而非欧洲设计为师。建筑物标致漂亮是欧洲的悠久传统；在“二战”烽火中多座城市备受摧残的德国除外。其余大多数欧洲国家都有各式各样的建筑文化遗产。在20世纪八九十年代的中国，人们仰望美国文化，是因为美国人创建了绝大多数可溯源至20世纪最初十年的当代都市。那是纽约和芝加哥兴起的时代，是沙利文和理查德森的摩天大厦开始出现在芝加哥地平线上的时代。美国人在当时的高楼设计方面是最先进的：他们发明了摩天大楼。那时的中国客户们对美国文化更感兴趣，将其引为可效仿的对象。这是因为在他们的认知中，美国文化与进步、与当代城市的未来发展趋势都是同义的。

我对美国文化的理解，得益于在哈佛大学研究生院学习城市规划设计的岁月。同时，我又很幸运地拥有欧洲背景，这让我能够更深刻地理解中国文化，因为我本人也受教于一个传统的文化环境。这种文明间的共通性正是我被许多中国客户接受的原因之一。

从2000年初开始，事情开始起了变化。中国客户们开始远离美国文化，转而研究当代欧洲建筑，原因之一是和其美国同行们相比，欧洲的建筑师在能源保护、可持续性绿色建筑和绿色屋顶的观念上走得更快。而这又是因为和美国相比，欧洲人口相对更加密集，也没有充足的能源储备。能源的成本在欧洲比在美国要高得多。也正是因为如此，欧洲人比美国人在生态保护和可持续发展方面走得更远。

北京中央电视台新址大楼

我可以毫不迟疑地说，奥运建筑的设计策略在中国的建筑史上创造了一个转折点。正是在奥运前的大环境里，荷兰大都会建筑事务所（OMA）在2002年在中国中央电视台新台址的建筑设计方案国际招标竞赛中中标。

五年后，这样的趋势变得更加明显了。北京奥运会是中国建筑转向当代设计的最终转折点。奥运主场馆就是出于欧洲建筑师之手。而在此前，中国的大型建筑项目很少采纳欧洲建筑师的设计。

央视新大楼成为争议的焦点，主要有以下两个原因：第一个原因是，这幢大楼是相当非传统的，它的建筑表达和结构设计都是不同于常规的；另外一个原因是，这座建筑造价非常昂贵，因为它的结构设计挑战了重力学原则。为此，必须打造一个能够支撑在设计史上空前庞大的悬桁的建筑物。中国人并不关心花销；他们希望给世界留下深刻印象，并通过北京奥运会向全世界展示他们成为具有先进建筑设计的大国的威力、财力和能力。我确信对“鸟巢”设计的认同来自政府的最高层，意在向全世界展示，中国是新千年的崛起之星。而普通的中国民众对这些事物保持着开放的态度。他们喜欢科技，他们喜欢与众不同，他们喜欢卓尔不群，他们喜欢展示自我。我见过那些为“鸟巢”作结构计算和制作结构图纸的工程师。他们也正是和我共事于南京青少年科技活动中心项目，并完成了其相关设计工作的人。我在南京的项目结束后，一直与他们保持联系。他们设计“鸟巢”结构的时候，被官方告知应将钢结构用量削减30%——可想而知这个建筑起初的造价究竟有多高。“鸟巢”的确是展示中国的一扇窗口，但与此同时，政府也想节约成本。即便是现在，任何人看一看这个钢网状的建筑物，就可以知道赫尔佐格和德默隆公司究竟在它里面使用了多少钢材，才使它如此特别。

2008年北京奥运会国家体育场——“鸟巢”，在付瑞柯看来，是展示中国的一扇窗口。

央视新大楼面临着同样的情况：建筑物本身是如此之贵，但看来似乎没人这么关心成本——只要能创造出一个令人惊叹的建筑学奇迹来。他们想向游客们和世界宣告，中国的首都是一个创造了建筑奇迹的城市。

我认为在所有外国设计师在中国完成的建筑里，最出色的例子有北京首都国际机场、奥运会游泳馆和奥运会主体育场。它们分别是由英国、澳大利亚和瑞士的建筑师所设计的。这些建筑——尤其是奥运会游泳馆——在技术上非常先进。雷姆·库哈斯设计的中央电视台新台址大楼是另一个很好的例子。这些可能是我在中国见过的最好的建筑物了，与通常的情况不同，这些建筑师最初的设计未经改动。常常会有这样的情况，完成设计图纸的中方机构对设计作了修改，使建筑物变得更符合他们的审美习惯。在奥运建筑的这些例子里，我想政府一定向地方设计院作了指示，让它们不要改变原始设计的特质。我所知道的是，北京首都国际机场、奥运会游泳馆和奥运会主体育场的建设费用都不菲，但政府更关心的是，设计是不是最好的。我认为它们将向世界展示，中国已经发生了变化。现在的中国是一支放眼未来的现代力量，并定将在未来十到十五年内成为一个领先的国家。

“水立方”是一个非常有趣的建筑。大约在十年前，世界开始注意到我们消耗了太多的能源，以至于建筑物的温度都开始下降，因为在建设期间，人们就没有考虑到保温问题。建设过程需要

国家游泳中心“水立方”，付瑞柯将之视为建筑学的转折点，激发了世界其他地方一起来节约能源、保护地球。

如此之多的能源，以至于全世界的自然资源都在虽然缓慢但确定地被耗干。如果我们想要生存，就必须拿出点行动来。我认为“水立方”是一个极好的例子，它展示了一种先进的技术，能消耗最少的能源，利用太阳的热量来保持游泳池内的水温和游泳馆自身的温度——尤其是在冬天。我将之视为建筑学的转折点。当然，奥运会从总体来说也是中国的转折点。中国的范例激发了世界其他地方一起来为了后代保护这个星球。

北京奥运会也同时标志着中国建筑学上的一个转折。举办盛事的同时，逐渐淡化了美国对华建筑的影响。此前，美国建筑师拿到了中国绝大多数重要建筑的设计权。而欧洲建筑师中标多数奥运场馆的事实，说明中国已经认识到在现代建筑的设计方面，欧洲比美国更为先进，因为它源自一种帮助保护自然环境的、可自我持续的设计方式。欧洲人在这方面更为先进，因为在他们这个人口密集的大陆上，能源非常昂贵。任何污染都会对整个大陆导致严重后果，给环境和居民都造成巨大的伤害。由此，欧洲的建筑师和工程师们开始走上了能源保护、绿色建筑和循环再利用的新道路。我所知道的是，意大利的循环回收系统早在35年前就完成了。在北美，这一趋势是20年到25年前开始的。在中国，创建绿色建筑、保护能源和自然资源、试图不浪费任何资源也成了公众的一种关注。

还是举例说明中国在此方面变化的惊人速度吧。仅仅一年前，人们去采购食物的时候，还会使用大量免费的塑料袋。在人们发现塑料袋严重污染环境之后，中国通过了一项法规，不鼓励使用塑料袋，并对其收费——这大量减少了各地塑料袋的使用量。从那时起，我在购物中心看到绝大多数中国人都带着可回收的袋子。塑料袋的使用率没有原来那么高了。我认为中国政府在宣传“地球属于每个人”和“一人污染、全民受害”的观念上作出了巨大努力。中国人民是完全理解这样的观念的。

在中国，有不少本土建筑师也设计出了质量优异的大楼，其中一些被用作2008年北京奥运会的体育场馆。那些拜访过或曾留学于北美，并对全球主义设计观有着十足的文化准备的年轻建筑师们，也正在扩大其影响。在北京郊外的长城附近某一处设计住宅区的设计师就是这些人。两朵建筑学的奇葩，香港中国银行大厦和北京中国银行总行大厦，都是出自贝聿铭的手笔。贝聿铭的设计既扎根于东方的感性，又对西方文化开放。

依我看，这是一个令人惊奇的组合。中国客户虽然大多向往现代建筑，但他们同时也鼓励创新、鼓励与传统相融合。我认为他们——与我

中国的商场开始对购物袋收费，提倡使用可回收的袋子。

由贝聿铭设计的中国银行总行大厦

们在其他地方的客户相比——对连接东西方文化背景的设计更感兴趣。这是中国建筑的流行趋势。很多中国建筑师都在国际建筑学框架内，试着设计具有个人风格的东西交融之作。贝聿铭就是一个重要的例证。另一个我认为可称历史性的例子是上海外滩。那是20世纪初期建筑学上非常有趣的例子。外滩优雅地扎根于西方建筑学，而其设计与建造又能使人感受到强烈的东方影响。

我同时也发现跟十年前相比，和我们共事的中国设计院的人员和中国建筑系毕业生在技术水平和职业道德方面都改变了很多。总的来说，现在比我们刚开始的时候要好多了。改变是实质性的。十年前的中国建筑师待我们以令人惊讶的尊重，他们那时还不习惯见到外国同行。我记得那时的年轻毕业生们会非常刻苦地工作，也经常加班，因为他们在学习。而和我们一起工作的设

计院不仅非常开放，也相当真诚。然而，在越来越多的外国建筑师来中国工作以后，在注意到建筑设计可以成为一门有财务回报的生意以后，逐渐地，人们的态度从理想主义变成了物质主义。他们现在只看薪水了。这些人曾经努力地加班工作，在周末也不退缩。但现在，他们变得和他们的北美同行们一样懒惰和要求多了，想要更多的休息时间。

这种趋势的发展，是不受我们提供的午饭、晚饭、奖励或每个项目结束后的分红所支配的。他们的金钱意识也远比我们更强。坦白地讲，这对我们的工作造成了更多的困难，因为雇员没有像最开始工作时那样的奉献精神了，生产一套设计图纸也比过去需要更多的努力了。我必须指出的是，在学院层面，现在和我刚开始在中国工作的时候相比没有什么大的变化。学生仍需要在职业实践中

上海外滩被誉为“万国建筑博览群”。

才能自己去掌握足够系统的设计学方法论和设计理论以及项目管理经验。因此，很多来我们这里工作的毕业生都必须经历一段三个月左右的培训期。但令人遗憾的是，雇员们的忠诚度不够高。他们可能在培训后几个月就离开，凭借着在外国公司的工作经历，期望在别处谋求更高的职位或是薪水。他们一般不向我们提出涨工资的要求，就那么走了。因此，人员流动性是相当高的。我认为这是很令人沮丧的，尤其是那些有才华、对建筑又充满热忱的人。我曾有几次向他们保证了更高的薪水，但他们还是离开了。

对我们来讲，如果年轻的毕业生们高兴跟我们合作，工资又合理，任何项目都会有意义，尤其是在中国。在像加拿大这样的地方，做项目已经几乎不可能有任何利润了，那里的建筑师可能只是收支相抵，甚至会赔钱。但尽管如此，很多在华公司还是由于与中方客户共事的各种困难而离开了。对已经卓有名望的建筑师来说，项目的利润率已经变得越来越小了。可能在最开始，那些来自美国、加拿大和欧洲的新建筑公司还是愿意到中国去的，因为在他们本国缺乏相应的工作机会。但当他们注意到在华做生意的难处的时候，他们就可能撤出。

第六章 实现建筑梦想

我在中国完成过很多项目。我认为到目前为止，有三个是我最喜欢的：大连外国语学院、南京青少年科技活动中心和交通银行南京分行。我也很喜欢自己设计的奥运曲棍球场和网球中心的方案，虽然不幸的是，它们最终并未付诸实践。我最喜欢这些项目，因为成型后的这些建筑最接近于我的最初设计。这些客户们理解建筑质量的重要性，于是没有让步——他们没有接受地方设计院随意更改设计的做法。在大连外国语学院的项目上，我最初设计的70%都实现了。在南京青少年科技活动中心和交通银行南京分行的项目里，这个数字分别是80%和100%。

我在1995年完成了浦东的项目。第二年初，我儿子尼古拉斯去世后，我暂停了在中国的工作。直到我认识綦军后，我们才开始了在大连外国语学院项目上的合作。

20世纪90年代，在人们广泛认为中国将重归计划经济的时候，她重新开始推动市场化改革。出于对国家政治稳定的担心，很多外国投资商在此期间都离开了。我一直坚信中国不会走历史的回头

綦军和付瑞柯与大连外国语学院的规划设计模型合影留念。

路。她只会前进，向着一种越来越民主化的管理风格前进。而很多其他人，包括中国大陆人和1997年回归前的香港人，在当时并不这么认为。在中国进步性的开放过程之中，青年建筑师大量离境，每一个都坚信他们会在北美洲取得成功，名利双收。振兴于“二战”后的北美建筑工程，在人口增长逐渐减少的环境里正进入萎缩状态；而相比之下的中国，不仅有着庞大人口，还亟需完全重建。所有的机会都在中国，而不是在北美。

綦军是看清这种趋势，并说服我继续回到中国工作的人之一。我被告知，大连外国语学院的竞标正要开始。该项目最初是一项都

市设计主规划。而后，客户想把主规划和景观美化联系起来。因此，我们就和意图扩大在华生意的EDA一道组成了一个团队，并参与了竞标。

从个人角度讲，我一直对设计大学校园很感兴趣，因为在佛罗伦萨大学教书的时候，我曾作过很多关于欧洲大学的研究，并参观了英国的众多校园：牛津、兰开斯特、莱斯布里奇等。所以，在大连的这个项目对我来说，是将自己的研究和在参观校园中所学习到的点子都付诸实践的大好机会。

在大连校区里作我们自己在华设计和经验的展示时，我发现副校长周先生曾在美国居住了很多年。他英语流利，而且对于能提供

付瑞柯、綦军和大连外国语学院的校方代表在新校区的开工仪式上。

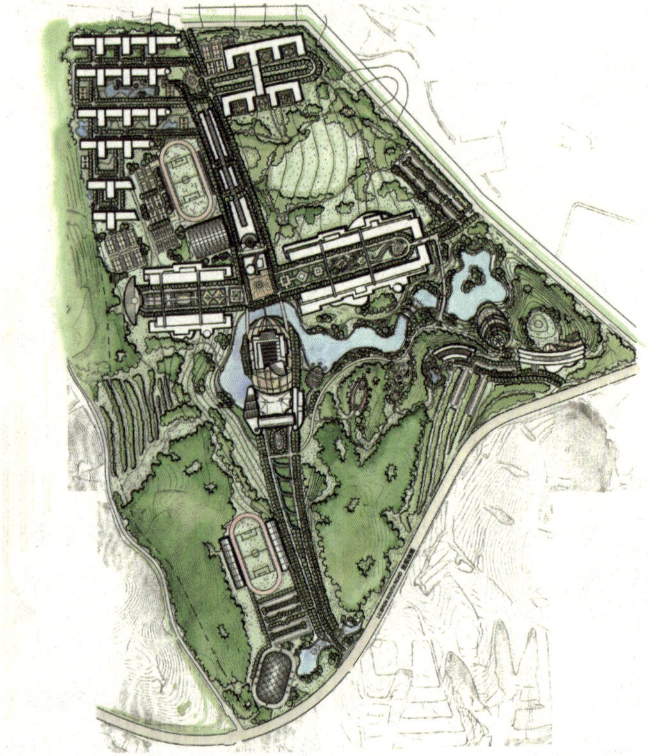

大连外国语学院总体规划图

新点子的外国建筑师非常开放。巧合的是，这也恰逢中国正在试图重树其国家形象的时候。在这个过程中，为获取新点子，外国专家常常成为公共建筑工程的咨询对象。当时的中国建筑师并不知道该如何把当地传统与环球文化融合起来。前面所提过的，在某个特定时期北京所出现的“大屋顶”现象，正是“不融合”，而只是把事物简单叠加起来的经典例子。在某种意义上，这也正是我们努力的目标——不仅把现代观念带到中国，而且理解她的文化，而不是用一种表面上的、大众的方式去解读它。

我相信我正是凭借着这样一种观念——以隐喻的方式融入中国传统的一些元素，在校园的设计中取得了成功。因此，在评委会评定各项目提案时，我们的规划和所有其他单位的都不一样，因为我们的规划中不仅有融合了历史和当下的一种隐喻式的连接，也包含了引入中国传统（不是那种缺乏想象力的模仿）的现代观念。我们为大连外国语学院带来的设计观念是把大连十分优美、当时也未受各发展项目侵蚀的自然环境纳入考虑范围。大连是一座被山丘包围的城市。政府作出了一项非常明智的决定——他们没有像大多数西方国家那样，为了发展的目的而开发这些山丘。在西方世界，由于开发商不尊重自然，规划者又没有阻止这样的开发，不少优美的自然环境都受到了损害。有些时候，山丘被建成另外的东西，并在此过程中丢失了其外表和特质。但在中国，绝大多数山丘都未被

建设落成的大连外国语学院新校区

开发。在大连外国语学院的例子里，我们理解了中国文化的这一方面，并决定尊重它。这个场所为山丘所包围，在某种层面上就如同一座峡谷一样。所以，我们的观念就注重于维护所有的山丘，并在峡谷中建设这个项目。

我们还引入了雨水管理的观念。那时候，所有的雨水都被直接引入大海，而我们的主意是在场上引入雨水管理，让雨水下渗到峡谷底部，并使其成为一座湖。在了解到“龙”在中国文化中有独特含义之后，我们又产生了把这座湖作为中国龙的隐喻的主意。此外，我们还引入了城门的概念，把最终建成的管理大楼隐喻为文化要塞。

使我们提案获得成功的原因，就是这种与当地传统紧密融合的现代感。我们在与同济大学的激烈竞争中胜出。当时，连市长都不能作出决定。因此该项目的决定权被提交至省级。时任辽宁省委书记的薄熙来作出了有利于我们的决定。

在这个项目中，我们设计了主规划和所有校园建筑的概念图。除了引入包含了广场概念和雨水管理在内的新都市设计观之外，我们还运用了中国文化的大量元素。门，或是进入城市的大门，是我们注意到的所有中国都市特有的内容，尤其是北京。于是我们通过把管理楼作为通往校园的有象征意义的大门，把该观念引入了此项目中。在大门后，是一个有两种功能的公共广场。它可以成为春节或毕业典礼时全体学生的集会场所。在管理楼后的抵达广场上，

大连外国语学院新校区内的学生活动中心和图书馆

我们嵌入了一个开放式的剧场。这些都能够让任何学生，甚至是非常多的学生，在一个开放的环境中参与校园活动。薄熙来书记和评委会喜欢我们的这些设计理念。学院的校长也找到我们，说他十分满意并欣赏我们的项目，因为我们看起来比其他竞争者，包括两到三家当地设计院和日本、新加坡还有美国的企业，更加理解中国文化。不只是官员，一个由校内学生和教授参与的公决也把我们的方案评为第一。

此次初期主规划中标后，周副校长邀请我们继续设计校园里的所有建筑。这是一项庞大的工程，因此我决定在大连开设办公室。这也是在周先生的建议下完成的。他代表校方告知我们，他们希望能和我们建立经常的联系，不想让我们回多伦多完成所有工作，并且希望我们在大连开设办公室。我当然同意了。就这样，我们和中方合作伙伴在大连开设了一间办公室。在这里我们工作了差不多半年时间，设计好了所有的建筑。最终，绝大多数重要建筑，例如管理楼（即“城门建筑”）、图书馆和周边交通运行情况的实施都相当好。

任何想来参观的人都会从主路进入通往所有校园楼的游行路线。但是首先，他们必须先经过管理楼的两道大门，才能进入主广场。管理楼是在一条单行线上的一座桥；出校的路也为楼体所连接。换句话说，有一条进校的路，一条出校的路，两条街，单向流通。校方非常喜欢这种设计，因为它给出了一个在大连主要住宅区外的文化要塞的概念。该校区处在通往离大连20公里的旅顺市的路上。各楼体都被属于学校的山丘公园包围。图书馆向广场方向开放。剧场设置了滑门，以便外面的人们可以参与到其内的活动中去。我们引入了主广场的概念，并设计了一个次广场——学生广场。然后，我们在这些广场的周围建起了各个建筑。我们把图书馆重复设计了五次，因为我们的中方同行希望我们作出可以提供比较的方案。但最终，周先生承认我们最初的设计也正是最好的设计。因此我们就按方案实施了。

我的设计哲学是，我进行所有的研究和关于良好设计的思考，因此，如果我被要求提供不同的设计方案，我就得按原始主意为蓝本，设计一种不同的方案，但设计和最初观念有本质上不同的备选方案，根本就是不可能的。我们和副校长成为了很好的朋友，但是由于对方持续提出调整和提供备选方案的要求，设计过程是令人沮

大连外国语学院新校区内的学生宿舍楼

丧的，在图书馆、剧场和其他一些重要建筑上，我们设计观念的约70%被实施了，但在很多其他楼体上，我们的方案经历了戏剧性的变化，导致最终结果和我们的想法大相径庭。

这个校园可以容纳1万名学生，最大容量是1万5千名，就像一个小城镇一样。为了满足时间上的要求，校方决定把建筑设计的制作分成几组，交给五家不同的设计院，每一家负责制作施工某个阶段的设计图。

一个庞大的施工团队夜以继日地工作，使得项目最终在两年内全部完工，学生们也如期从市内的校区搬入新址。一切都是迅速完成的。不幸的是，如此迅速的施工最终成为一个负面因素，因为一些细节和设计质量被牺牲掉了。但结果还好。这次校园的设计经历比在浦东的要好很多，因为浦东项目的楼体虽然和我们的设计一致，但外观和细节都完全不同了。在大连的项目里，我们最初想法的50%到70%最终都实现了。按我的看法，我们能做到这些，正是因为提醒了自己可能出现的情况。我们向校方坚持要被继续留用为顾问，以监督设计发展和建筑施工。他们同意了我们的要求。这也保证了我们的设计在项目全程中都受到了尊重。

我记得有一天在校园里边逛边四处拍照。一个年轻的学生拦住了我，并问我为什么要拍照。我说我就是设计了这座大楼的建筑师。那个青年学生高兴地说，她终于见到这座大楼的建筑师了。她告诉我，这个校园是大连最漂亮的大学校园之一，也是她自己所待过的最好的地方之一。她还告诉我每个人都喜欢这的气氛，也喜

色彩明亮的学生宿舍楼

欢待在这里。比如，当我们设计宿舍的时候，我们担心学生们在一群相似的建筑中，可能会找不到他们自己的住宿楼。所以我们在宿舍阳台的墙上引入了不同的颜色。这样，学生们就能分得清各宿舍楼，找到自己的房间了。在每座宿舍楼里，我们都引入了一套不同的颜色组合，这样每个学生宿舍就都会有自己的特征，自己的标志，自己的印记。红、黄、蓝、绿被用作主要的色彩。我想让所有人都喜欢它，并在这个环境里感觉舒适。当然，色彩会带来舒适感、温暖，也可以在灰暗寒冷的冬日里帮助振奋情绪。

我们从参观过大连外国语学院的其他城市的设计院那里得到了很多褒扬之辞，而这所学校本身也成了中国现代校园的范例之一。我想，这可能是我到当时为止，在中国参与的最大规模的项目，也是最成功的设计之一。它也给我带来了极大的满足——这是我为人们创造舒适环境的梦想和生活目标的又一次实现。我们吸取了另一个大学校区的教训。和我们的项目相比，那里的环境相当压抑，因为同样的灰色四下皆是。这也是我们使用了不同颜色石质的部分原因，这样每一座建筑都可以有一个令人愉快的外观。我们使用了暖色，因为另外那个校区的灰色在冬天会显得更加灰暗，从而生成令人泄气的效果。灰其实也正是大连冬天的一个特质。一个周围皆灰的环境，会使人都感到沮丧，尤其是那些学习医药、与病人和逝者打交道的人。在一个四处都是灰色的地方学习和居住会使生活非常灰暗。所以我们尽我们的所能，引入了色彩，使用了有不同颜色的不同石料，以使大连外国语学院成为一个令人高兴的学习和居住的地方，和一个如何设计为人们创造舒适生活环境的范例。

我曾说过，中国的很多城市看起来都一样。然而大连的独特性就在于它的广场的概念。当然，中国是有天安门广场和其他北京紫禁城内的各个广场的。但这个概念在绝大多数现代城市中都基本上被丢掉了。大连不在其列。这可能是由于大连市行政所属的辽宁省在历史上受到了俄罗斯和日本文化的影响。从表面上看来，大连也和一般的中国城市非常不同。它的气候不同，因为大连是海滨城市，比内陆城市的气候更加宜人。它还有着大量绿地和到那时为止未受大规模建设影响的山丘地带。一言以蔽之，和很多其他类似规模的中国城市相比，大连有着多得多的绿色。在1995年，城市规划者和建筑师们就已经注意到对当地环境和整座城市来说，最重要的事情就是维护它的绿色。从那时起，他们一直尽其所能地在增加着城市的绿色。

星海广场是大连的标志性建筑，也是亚洲最大的城市广场。

北京故宫，无与伦比的中国古代建筑杰作，是世界上现存最大、最完整的古建筑群。

当我们提到中国的广场时，它们在很多种场合下的功能是展示皇帝的威力。很多诸如紫禁城那样历史性建筑的设计是盒子中套盒子，院子里套院子。我们在大连项目的学生宿舍楼的设计上，也沿用了这种庭院的观念。

我通过多年在中国的经历发现，在一些我工作过的城市，有关广场和庭院的传统观念已经荡然无存。事情正在起变化，因为越来越多地，在中国工作的外国建筑师和受过海外教育的本土建筑师对拆毁城市独特遗产的做法提出质疑。一个以保护四合院为目标的有影响力的运动正在北京日益发展，而拆毁传统庭院的做法最终也停止了。在上海，大量将受祸于商业开发的历史区域也得到了维护和复原。作为一个国家，中国正在经历我们欧洲曾经经历过的发展阶段。在1945年“二战”结束后，欧洲各地的人们开始拆掉有建筑学意义的楼，而没有认真考虑什么是能拆的、什么是不能拆的。少数几位建筑师此后开始回击，并引领了认为任何涂抹历史的举动都会造成灾难的公众舆论。由此，开始了一场保护历史建筑和有建筑学意义的建筑物的伟大运动。也就是说，我们也经历了一个“拆旧”的阶段，并在之后的某个时间点上停止了这样的做法。美国和加拿大也是一样。在多伦多，一些很有意思的建筑纷纷被拆掉。随后，那些实用主义的、美学价值远低于斯的现代建筑取而代之。大量的重要建筑都没了。中国也正在经历同样的事情。幸运的是，吃一堑长一智的我们能够把我们的教训传递给中国的规划者和决策者，以便在任何可能的时候避免犯下同样的错误。在和上海、北京官方探讨的时候，我们是很有批判态度的。我们向他们解释，他们的所作所为是错误的，而且基本上就是50年前那些把高速路放到市中心的北美城市的错误的翻版。

在大连项目期间，安大略政府官员把一位想和我一起工作的北京建筑师介绍给了我。安大略政府在对中国出口文化和技术知识方面十分积极，而且也在将我们介绍给潜在的中国客户或能把我们引荐给作为潜在客户的中国人的过程中扮演了非常重要的角色。在我被介绍给代理人——一名结构工程师以后，我到了北京，并被邀请参与奥运会网球及曲棍球场馆设计的竞标。这是一项庞大的工程，所有设计必须在一个月内完工。场地被分成两个部分，一个是曲棍

加拿大驻沪总领事馆领事黄文楚先生、多伦多国际学院院长李宁玉女士、付瑞柯与安大略省政府代表一同合影。

球馆，一个是网球馆。

在接到文件后，我们就开始寻找在接下来的时间内能够与我们合作的当地设计院。与此同时，时间一分一秒地度过，我们在20天之后就要提交竞标方案了。我联系了曾为南京青少年科技活动中心完成规划图的北京冶金设计院。他们在上海有一间办公室。我给设计院管理层成员之一王宇宏（音译）先生打了电话，王先生对再次与我们合作非常热情。他们从上海派来了六个人的团队，和我办公室的六个人一起合作。我们日夜工作，最终在截止日期前完成了提案。这几个星期过得非常充实。冶金设计院在他们的总部租借给了我们办公地点。我们在那里共同工作，我本人负责设计。曾在上海项目上跟我们合作过的一些人也来了。我在一周内就完成了设计方案。

我决定把路放到地下，把两个场所连接到一起。在场馆的周围，我们引入了中式花园的概念，而在中式花园的周围，则是欧式花园。雨水管理——一个中国龙形状的湖——也是该设计的一部分。在最初阶段，我们在69份世界各地提交的方案中成为最好的三份设计之一。争夺最终方案的只剩下了一家美国公司、一家日本公司和我们。我们设计方案的优势在于把两个场馆连接起来，花园内嵌花园的概念，和建筑物本身——曲棍球馆作为凤凰的隐喻，网球馆作为蛋的隐喻。我们的设计被刊载在一家中国的建筑学杂志上，也被北京市规划展览馆收为永久展览品。

不幸的是，由于预算原因，网球和曲棍球馆的第二阶段设计

付瑞柯为国家网球中心和国家曲棍球场作的总体规划方案

王宇宏（音译）、大山和付瑞柯出席2005年加拿大安大略省贸易投资访华代表团组织的活动。

工作被取消了，我们得到了一笔包含了规划图制作开销的设计费。但尽管如此，我还是对我们的工作非常自豪。这次我们花了最短的时间在一个如此大规模的项目上。我们开始以为这是不可能的，但每个人都如此热情，工作又是如此刻苦，最后总算使梦想成真。在最开始的时候，甚至连王宇宏先生都很悲观。他来的时候告诉我："付瑞柯，我们会为了你做这个，但我们不认为我们能赢。那是不可能的。竞争者太多了，他们都太厉害了，而时间又是不可能的短。我们怎么可能在20天里把它做完呢？"我告诉他只要团队有热情和激情，就没什么不可能的。我们在这20天里，每天工作12个小时。在递交提案的时候，我溜进大厅，一个个地看了其他竞争对

付瑞柯设计的国家曲棍球场

手的方案。直到那时我才突然注意到，我们的方案即使不是最好的那一个，也是最好的之一。媒体也持如此观点。所有刊登了竞赛消息的建筑学杂志和报纸都把我们列为头号候选。这是一次惊人的体验——它不仅仅是因为和绝大多数来自美国、德国、日本、丹麦的竞争对手相比，这是我们第一次设计体育场馆。

到今天为止，我在中国设计了大约40个项目。对我来说，最重要的一直是新型社区的设计。从某种意义上讲，这是简单的，但又有难度，因为我们创造的社区必须能够给其中的住户一种归属感。在我们所设计的每一个社区，我们都引入了中国文化的元素或隐喻，还有步行街的概念。我们认为中国当时急缺能让行人完全放心行走、购物、享受生活的区域。这是由多种因素造成的，包括一个庞大的人口基数和逐渐加大的汽车拥有量。很多车主并不那么尊敬行人，尽管交通法则有着相反规定。依照我的经验，中国司机极少会停下，让行人先过马路。在绝大多数情况下，他们一加油门就先走了，压根不考虑到行人或者假使车祸发生，他们将担负的后果。我切实地感觉到，我们必须为此做些什么，打造车辆不允许上道的行人专属区域，在这里，给社区商店供货的卡车也可以上路，从而避免在马路上占据一条道，继而造成交通堵塞。

上海南京路步行街

我们试图把所有这些原则应用到我们在中国设计的每一个社区。例如，我们在为大连核电厂住宅区设计的总体规划中，就给予了环境充分的关注。我们创造了很多绿色空间，而且用最小化用地、最大化绿色地带的方式去关心行人。另外，我们还使用了雨水管理，用以保护水资源，并将其回收作灌溉用，这样人们就再也不用剥取城市的水资源，只是用来给植物浇水了。我们引入了单行街、雨水管理、行人环境和步行购物区的概念。正是因为有了这些方面，也正是因为有了对中国文化的理解，有了最好的方案和最先进的环保理念，有了对人的关怀、对生命的关怀、对儿童的关怀，和对家庭的关怀，我们赢得了大连核电厂住宅区的主规划竞标。这些原则都是我们八到十年前就开始实行了的。那时，公众关于环境保护和自我可持续性的意识才开始成形。

我在中国设计的所有新型社区项目中，有两个最难忘。这两个项目都在大连；每一个都在社区规划的职业活动中显得很重要。一个是前关社区，一个是龙王塘社区。两个规划的方位都很有意思，而且场地内也都有水。

这是两个在个人意义上来说，对我也很重要的项目，因为马丁·斯克洛齐（Mathias Scolozzi），我的儿子，和我在这两个项目上共事。在没有来自于我的任何压力下，有着电影学文凭的马丁，在第二学位上选择了建筑学。我想这可能是因为他成长在一个身边人一直都在讨论建筑的环境里。我的妻子多丽丝和

付瑞柯和儿子马丁与工作伙伴们在办公室中合影。

安大略省省长麦坚迪先生及其夫人、付瑞柯与马丁出席2005年加拿大安大略省贸易投资访华代表团组织的活动。

我一起共事了一些年，而且也共同修建和设计了我们自己的房子。这样的家庭氛围对孩子的影响是不能够被低估的。只是因为我另一个儿子尼古拉斯已经学习了建筑学，马丁才想要读一个其他的专业作为第一学位。但在尼古拉斯被一名醉驾司机撞死以后，马丁自己感觉到一种进入建筑行业的压力，因为从心理上，我认为，他想接替他的兄长。尼古拉斯和我们一直非常亲密，因为他选择了和我们同样的职业。

在我们首次访问前关社区的时候，那里只有几座老房子。我认为政府对清理场地，将其用于新发展项目很感兴趣。场地本身非常美。它的特质是南、西两侧有两条高速公路，而北侧是一处小

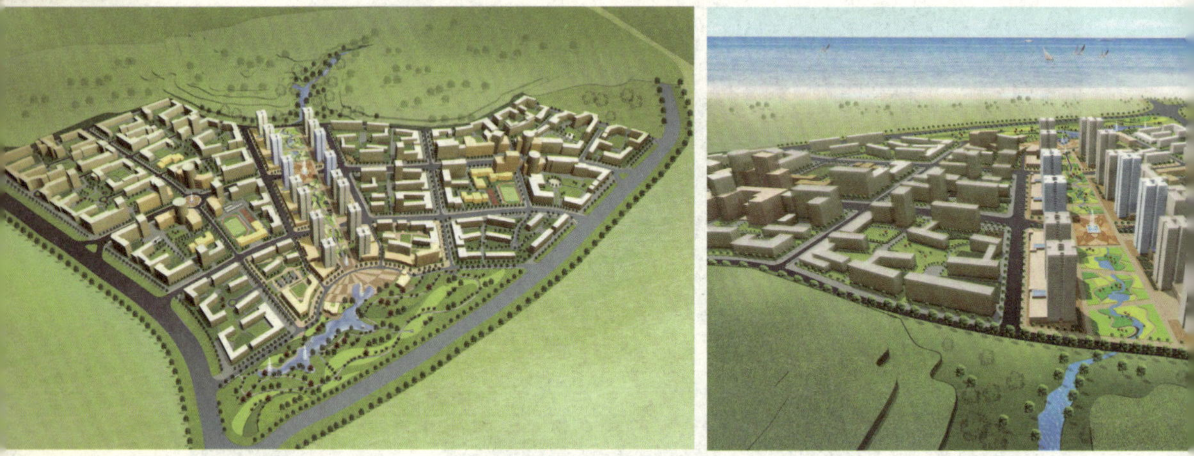

付瑞柯和儿子马丁共同完成了大连前关社区的规划方案。

山坡。因此我们提议保护它，并把它变成一个供社区居民使用的公园。然后我们决定不仅保留旁边的小溪，而且还把它作为一个特色，作为这个项目的中轴。基本上，这条中轴是由一排延续下去的公园组成的，这些公园连接了各条道路，并使得行人不会被车辆交通困扰。在有了中央公园和行人环境以后，我们把处于山顶的公园与场地的底端——那里有一道比顶部宽得多的水流——连接了起来。政府也选择了将场地底端开发成公园，来保护邻近街道的房产开发。我们遵从了这些指示，尽可能地保留了处于南侧的场地低层部分，又用现存的小溪造出了一座湖。场地内的全部雨水都会流淌至此。而北侧场地的设计，也使得排掉的雨水都会融汇到湖里。这些对大连都是非常重要的，因为总体上来讲，北方地区极度缺水，常遭大旱；而南方地区则相反，水源充足。这和北部多水、南部缺

水的欧洲是相反的。

正因为水是如此宝贵，我们决定将其保留，而不是排到海里。我们既可以用它做湖水，也可以用它来灌溉花园，这样花园里的植物就可以常青。前关社区的主要设计观就是引入中轴的概念，即环绕小溪的一排花园。在场地的两侧，我们开发了可容纳商业设施的多功能发展地。在顶部或场地北侧的是住宅楼。在底端部分，也是有住宅楼的。中部则是写字楼。我们的意图是创建一个人们可以生活、工作和娱乐的地方。这是我们开发的节约能源、减少都市污染的新理念。我倾向于相信通过减少家和办公室之间的日常折返，我们就可以减少污染、噪音和粉尘——所有这些都困扰了中国多年——继而创造一个更好的环境。

在前关社区的中轴线上，我们设计了在花园两翼的行人道，而在行人道边上会是各家商铺。在中轴线的东西两侧，我们设计了不干涉行人运动的商店供货区。在这些区域里，车辆通行只在紧急情况下或为每天特定时间内的供货所允许，以便不干扰行人活动。

从根本上，我们想把自然与都市空间融合起来。另一个例子是我们在城市区段范围内引入了庭院的概念。在这些庭院中段，又有着公园或花园。所以，每一座建筑楼都有自己的庭院，时开时关，在开的时候直通公寓。这意味着在整个社区范围内，人们都能从一个建筑物的庭院中走到外面的公园里。当然，我们把这一项目分成了几个城市区段。在这些区段中间，有一个行人公园。这样，人们

大连龙王塘项目将社区和自然景观融和在一起，打造出一个“花园社区”。

就可以从一座住宅楼走到另一座住宅楼，而不干扰交通。这就是我们的主要关注——在一个司机过多地成为各方焦点的时代里，给行人最大可能的尊重。

第二个项目是龙王塘社区。在很多方面，这个社区更多地是我儿子马丁的作品，而不是我自己的。我所需要做的不过是向他描述我认为这个社区的设计原则应该是什么，其余的他都会又快又有效率地完成。其结果就是山、水、社区间的一个和谐结合。

龙王塘社区位于相当美丽的山丘之间的一座峡谷里。在它大门

大连龙王塘樱花园扩建项目总体规划设计方案

的一边是在当地非常著名的樱花园。场地东西两侧都有山。在北侧是一座水坝，那里的水库为大连市提供饮用水。当水位达到警戒线时，当地官员就会开坝放水。南侧是靠近大海的。由于大海涨潮，大连市建了一座小的临时水坝，用来阻挡水势走高。

马丁和我的观念是重新利用已经干涸了的溪流。我们不想利用水库，因为那是需要保存的宝贵物事。因此，我们决定使用雨水管理策略来收集雨水，排干整个场地的水，把所有水引入小溪，而后可能利用水坝，将盐水与淡水分开，形成一道运河，这样小溪就会一直充满水了。我们还依照威尼斯运河的形态，扩大了这道运河。在运河河道两旁，我们建起商业和住宅建筑。在其东西两侧，我们竖起有着绿色庭院的公寓楼。在项目的外段也就是山麓地带，我们开发了比其他建筑稍高的别墅。在那里，每个人都可以饱览峡谷全景。然而，我们把山腰保持不变，因为它被保护得很好，为了当地居民起见，我们想让它能够维持原样。但不幸的是，牢记自己在土地花下的钱和项目未来可能回报的开发商要求我们加大建筑的密度。但对我们来讲，很明显地，加大密度会对峡谷和山丘的美学色彩起到极大的损害。因此我们没有原原本本地遵从他们的要求，而试图在这上面做一点文章。

我们决定把一些住宅楼放在项目最远端，朝海的方向。然后，我们又在通往旅顺高速公路的项目入口处做了一个迎宾中心。这是一个遵照意大利广场概念设计的广场，它被建筑包围。人们可以进来，在地下停车，再到山上的樱花公园去欣赏其独特的美。然后，我们把拆迁户们移居到了旅顺高速路的两侧，在那里我们建起了写字楼和住宅楼。这样，在山上的就只有几座小而低层的住宅楼，不会干扰山景了。

第七章 融合东西传统

从历史中汲取灵感，并将之用现代解释予以转换的建筑哲学，是我在大学时代和在加拿大从业初期形成的。我一直在通过融合东西方文化，创造一种新的、扎根于中国、分享欧美特色又融入现代建设经验及组织诀窍的建筑学，试图将这种建筑哲学应用于我在中国的工作里。从某种概念上讲，这就是融合东西传统的含义。

所有那些更早期的思想都变得大有裨益了。我在中国这里取得的成就多归功于对中国文化是什么和它将到何处去的理解。我不敢说我全部理解了，因为要深刻地理解中国文化，就必须在中国居住很多年，并能够和中国人民对话。我在中国所取得的成绩可以归功于我能够把这两者结合起来。

一个融合东西传统的例子是我们在设计中国银行信用卡计算机中心时候所得出的理念——一个结合了东西方传统和文化的理念。我们进行总体规划的方法和做大连外国语学院与奥运网球和曲棍球馆项目时的方法是一样的。我们在设计中引入了与中国文化相关的隐喻。这给了我们能够为客户创造最佳方案的可能。我们成为了在

付瑞柯设计的中国银行计算机中心

此项目中设计最好的建筑师，并由此向我们的中国客户展示了我们知道如何在中国作设计。我们与那些把设计搞得像彗星从天上砸下来一样的其他建筑设计师不同。我们的方式不是弄出一个什么引人注目的东西，而是静静地爬到你的脚跟上，再将在中国文化里有特定含义的东西融入其中。

我的项目不仅在上海、南京、北京、大连、抚顺，也在昆明、贵阳、青岛等地。但我的主要焦点是三座城市：上海、北京和大连。我发现中国的城市在一定程度上是大同小异的；城市与城市之间没什么太大的区别，只是在大小城市间有一些不同而已。比如，上海就是座大城市，一座我首次访问时比北京发达而复杂的城市。尽管如此，华东地区建设和环境的特质也是相似的。在我去过的西部地区的大理和丽江就不同，它们和华东各地相比，有着非常强烈

今日浦东的标志性建筑群

的个性。当然，很有可能这是因为我还没有尽访华东那些个性十足的地区。

在任何欧洲国家，不管是意大利、法国还是德国，建筑的特质都是多少有所不同的，而这是第二次世界大战的缘故。战后的德国百废待兴，多处重建，其结果是所有的城市看起来都一样。但在其他国家，比如意大利或者法国，每座城市建筑的特质和外形都可能大不一样。

但在中国，我发现城市间是有共同点的。所有的历史性建筑都有很强的特性，这种特性孕育于所有公共或民用的建筑里，使它们看起来十分相似。

另一件让我感到震撼的事情是，我原本期待着在一个有着5000年历史的国家能见到很多历史遗迹。但我失望地发现，今天留下的——不管是遗迹本身还是中国历史的深度——只有很少一部分。

它们都毁于现代中国各地间常年的战争和混乱了，而且建筑本身尤其脆弱，因为主材料是木头。不管怎样，最终的结果是，中国建筑的光荣历史并没有完全展示出来，因为根本就没有足够的遗迹留下来。当然，在北京、上海、西安、南京、沈阳等在中国历史里发挥了特定意义的城市，人们还是可以发现一些遗迹和非常美丽的历史建筑。但我确信，中国的伟大建筑一定比我们今天见到的要多得多。

另一件令人失望的事是，所有20世纪初叶和“二战”后的建筑基本上都建得很差。当然了，在那些年月里，建筑质量和好的设计并不是焦点。政府必须要盖房子，因为只有这样人们才能住进去，在里面居住或者是做生意。所以不论是对政府还是对人民来讲，有一个好的设计在当时都不是什么大事情。在政治转向和改革开放后，事情开始起变化了。从那时候起，好的设计才开始成为一项议题。现在的状况比过去要好得太多了，而且我确信，它们只会越来越好。可能有一天中国会为全世界所羡慕，因为它有人类历史上设计和科技都最好最先进的建筑。

其实，在北京奥运会和上海世博会的推动下，中国的建筑设计水平已经远高于过去任何时期了。在过去14年在中国工作期间，我目睹了中国从实用主义的建设观发展到更高层次的水平——质量优良的建筑不仅仅是必需的，而且确实是被渴求的。很多开发商不像在早年那样一心想要节约成本了。我们开始设计浦东接待中心的

2010年上海世博会中国馆，给人带来强烈的视觉冲击。

时候，想给客户一个时髦的设计。但当项目完工的时候我们发现，我们设计的那些细节没有一个被采用。我认为在当时，中国人是想花最少的钱，得到最好的设计效果。但不幸的事实是，无论何时，只要在花销上作出让步，就会牺牲好的设计。如果大幅削减开支，就不会有复杂而精致的细节。完工的浦东接待中心，只采纳了我们35%到40%的最初设计。建筑的创意还在，但其概念已经和我们的想法有了本质上的偏离。这要么是因为当地设计院想要留下它们自己的印记，要么就是因为客户想要省钱。我不知道事情发生的具体经过。但不论怎么样，我们在设计开发和规划图纸上的投入没有被延续下来。我们在设计接待中心的时候，并没有被要求审核当地设

故宫角楼的建筑构造奇巧罕见，独具匠心。

计院完成的施工图纸。我们设计完整个方案就不再参与了。我们的客户并没有继续让我们做顾问，以便确保我们的设计会被100%地采用。那不是他们所考虑的事情。我们只是做个项目，之后就天知道了。

在建筑师去另一个国家的时候，要做的第一件事情就是理解当地的传统，还有当地人如何与其文化和传统相联系。你不能设计一个建筑，之后就把它丢到一个不是它应该待的或者它和周边环境不协调的地方。我最大的关注和渴望就是继续在中国创造扎根于历史、使用暗喻或象征性的表达手法与中国传统相连的现代建筑。我认为这样，人们就会更加欣赏我们的作品。

我还相信，设计有传统概念的先进或前卫建筑是可能的。20世纪很多重要的音乐家，比如伊戈尔·斯特拉文斯基、贝拉·巴托克、路易吉·诺诺、法鲁西奥·班温努特·布索尼、谢尔盖·普罗科菲耶夫和奥托里诺·雷斯皮基，在他们各自不同的国家都创造了被民间和传统音乐灵感激发的前卫现代音乐。我认为这在建筑学上也是可能的。在空闲的时候，我四处旅行，观看中国人民的设计和历史建筑的样子。中国文化之根一直在我脑海里盘旋。对我来说，这是一种在设计建筑期间非常有用的精神练习：我试着往回想。当我在中国做项目的时候，我会试着把我的建筑和中国文化联系起来。

中国文化的任何一部分对我来讲都是非常有趣而令人激动的。这个国家拥有丰富而深厚的艺术底蕴，建筑学、音乐、绘画、诗

北京烤鸭，是付瑞克最喜欢的中国美食之一。

付瑞柯非常欣赏中国戏剧中的象征和隐喻，关注于将中国文化与建筑设计联系在一起。

歌、文学、美食都是如此。

不管你去东南西北，到哪里都会遇到不同的食物和味道。食物是中国文化里让绝大多数人都能享受的一项。菜系丰富，品种繁多，充满味道。我还非常欣赏中国戏剧，因为它和西方戏剧非常不同。中国戏剧的表演环节里有很多象征手法和隐喻的运用。

我认为我喜欢这些东西的原因是它们和我自身的文化传统里的元素大不相同。它是另一种体验。我喜欢学习并理解新的事物，包括我工作的国家的文化及其人民。这也是一个自我充实的过程。另外，我认为任何一个在别国工作的人都应理解当地文化，以便适应它，并将这种适应性体现在其工作里，尤其对于建筑师来讲。我认

沈阳清宁宫顶的神兽，付瑞柯对中国传统建筑有着浓厚的兴趣。

为这是一项非常重要的挑战。

传统西方和中国建筑文化的最大不同是中国建筑装饰过多，可能有一点巴洛克式。比如，如果我们观察中国的历史建筑，像北京的紫禁城，那里有很多的装饰和细节，尤其是在“公共功能”建筑里。西方建筑恰恰相反，装饰没有空间那么重要。这个不同来自于不同的思维方式。事实上，我在设计建筑的时候，普通的中国客户有时会反对我的意见，说这些设计太简单了。每当这样的时候，我们就会试着引入一些设计元素，使其更复杂，更适于中国人的口味。

有时这就是我们的最大关注：创造一种既不过于简单，又不过于复杂的设计。我们试图达到简单与繁复之间的平衡，因为这样的努力会更好地被中国客户理解。门、水、花园，这些都是中国客户

非常欣赏的东西，因为他们希望看到我们引入他们历史和文化的元素，并将其以现代设计的方式重新解读并调序。这样，所有的建筑都会有感染力了，而这正是因为我专注于创造建筑与中国文化关系的努力，毕竟使用这些建筑的是中国人。如果我们不带来和他们有关的元素，那么让人们接受我们的作为就更加困难了。

来自于一个自身也充满着古老文化和建筑传统的国家，帮助了我在中国取得成功。在学生时代，我曾对意大利传统建筑以及现代建筑如何能与深深扎根于历史的古建筑产生联系感兴趣。意大利的城市本身就是各个历史时期建筑的集合。我感兴趣的是将现代传统和历史融合在一起，同时用一种智慧的、不抄袭、不对历史进行简单换位的方式进行设计。这样的精神练习——来自于养育我的文化——一直以来使我比其他外国建筑师更快地融入中国文化。

我发现中国客户对现代设计和先进科技非常热情。但那些有良好教育背景的人士倾向于不丧失其作为中国人的文化认同。而这正是我成功的秘诀。我曾在北美从事建筑行业的事实，给我增添了现代性的背景和对设计中经济因素的理解。作为一名意大利建筑师，我不仅带来了我自己的传统——我自己也成长于一个有着古老传统的社会，并很好地理解我的文化——也在同时理解中国文化。另外，我又带来了北美的现代性和技术。这就是为什么我们和那些有名的地方设计院相比，能够获得远多于他们的成功机会——因为我们能够带来现代性，并以一种多数没有海外工作经验或很少海外工

作经验的中国建筑师所不能的方式融合传统。而在和美国建筑师竞争的时候，我们的主要优势就是我们比他们更理解当地状况，而且我们来自于一个更深刻、更古老的文化传统。

于是，我们最大的竞争对手就是那些在北美、欧洲留学过的中国建筑师。他们在那学习了现代设计。在回国时，与那些留在中国的同行相比，他们使自己成了更加完整的建筑师。但尽管如此，我还是走到了今天。在我生长的意大利，对设计风格和优雅的认知是每天生活的一部分。我是和意大利的各个广场一起成长的。我感觉到了它们，也曾在它们中间徜徉。在全意大利，每一座城市、城镇都是有作为当地人消遣和结识的焦点的广场的。

我来到中国的时候，把意大利的广场认作一种中心装饰，因

付瑞柯的工作团队一起讨论项目，左起为：綦军、付瑞柯、王萍、汪斌、敖黎黎。

意大利威尼斯水城，保存完好的古建筑华丽浪漫。

为从某种程度上讲，对广场的解读在中国也很重要。在这里，它也能变成一座连接东西方文化的有用的桥梁。在很多情况下，中方客户并不想要看起来“太中国”的东西。他们想要的是引入现代性的一种新的表达方式、新的形象。当然，这个形象应该融合到城市景致中，而不是成为一个洋元素。这是我们一直都可以做的事情。比如，我们在贵阳设计的项目之一的建设用地里有一条河。这条河周边的地带处于城市里被闲置的一部分区域，无人问津。河流是那里唯一美丽的东西。所以我就说：“我们可以拿这条河做文章，开发

一条像威尼斯那样的运河。”我们的想法取得了巨大的成功。我发现中国人是能将他们自己与意大利文化联系起来的，因为和中国一样，意大利也有着悠久的历史和优良设计的传统。他们倾向于认为我们比一些北美建筑师似乎更能理解传统。每当一个中国客户知道我有意大利背景的时候，他们就会表现得比较满意，因为觉得我可以比他人更好地理解他们的历史，而且也能作出好的设计，因为我们本身有着深厚的设计传统。

欧洲和中国文化的相似性在于两种文化都有延绵数千年的悠久历史。具体来讲，中国和意大利文化的一个相似性是，家庭是非常重要的，敬老是普遍的，严格的社会分层是存在的。在建筑方面，两种文化都包含庭院的设计。但在其他方面，它们就是非常不同的了。

中式庭院和西式庭院——见于罗马及中东建筑——之间是有联系的。庭院被使用的理由是气候性的，其目标是创造一个在特定环境内的小区域气候条件，以便给人们带来更多的舒适感。为什么庭院能够做到这一点呢？一所正方形或长方形，面朝各个方向的庭院，其朝南的一侧比朝北的一侧更易生热。这促进了庭院间的空气流动，并对其内居民大有裨益。

我认为，这是中西方文化的唯一共同点。所有其它的东西都大不一样。举花园为例：欧洲的经典花园都是以几何学原理设计的，而同时期的中式花园则更为自然主义——它们从自然中汲取灵感，并试图复制自然。这种复制山水丘陵的尝试并不见于西方文化。中国文化试图解释自然，并将之融入建筑之中。这反映了西方以理性主义为导向的哲学体系和东方形而上学的哲学体系的不同。

中式建筑有着很强的、不见于欧式建筑的装饰感和色彩感。这是最大的不同之一。传统中式建筑是木制的，这也可以解释为什么今天没有留下多少遗迹，只有那些离今天更近的建设工程还巍然不动，因为木头作为一种建筑材料在那时被抛弃了。中国是有丰富文化遗产的国家，但其绝大多数的历史建筑都没有存留到现代。举个例子，在一些寺庙里，那些原本是木制的柱子现在已经被水泥柱代替。工匠们把外面遮盖起来，涂成红色，这样它看起来就像是木制

江苏苏州盘门景区伍相祠内的庭院景色引人入胜。

欧洲庭院景色

的，但事实上却是水泥的。很多建筑都是这样。在某一时刻，由于重建，原汁原味的建筑丢失了。我认为中国建筑原料从木头转向石头及其他建材，是因为随着逐日增多的庞大人口，木头开始被逐日耗尽。

在欧洲文化里，国王和王室喜欢用他们自己的建筑来展现其财富、权力和文化。在帝制的中国，事情就简单了，一边是皇帝，一边是民众。我认为，只有所占比例非常小的人口属于中产阶级。欧洲国王没有中国皇帝对民众那样的权力。从各种意义上讲，皇帝都是专制统治者——他可以决定生死。中国历史上的每一位皇帝都或多或少地留下了他的印迹。

唐代催生了可能是最辉煌的中国建筑。在欧洲，国王们没有留下像中国皇帝那样的建筑或艺术风格。催生了新建筑和艺术风格的是文化事件，是复兴时期，是巴洛克时期，是洛可可和新古典主义时期。当然，新古典主义时期与拿破仑·波拿巴是有着紧密联系的。到了现代，从总体来说，艺术与国王没有联系，而是与这个国家的文化发展有很大关系。我觉得这是中国和欧洲建筑的主要区别。在欧洲，比如意大利，罗马帝国之后是中世纪，民主观念也正是在中世纪诞生的。国王损失了一定程度上的权力，事实上，我应该指出的是，最初的公社也正是在国王批准下，于此时成型的。但在中国，皇帝的权力是无人能比的。他可以随心所欲，朝令夕改。

直到共和的观念出现之前，每个罗马时期的君王都创造了他自己的特殊的建筑。在中国，事情几乎一直到清朝末期还是这样。共产主义运动在某种意义上正是对这种数千年现状的反抗。不论怎样，我的观点是，人们必须回到历史里，才能拾起碎片，设计出好的建筑。在过去，政治和艺术之间有着紧密的联系。到了现代，这些都灰飞烟灭了。这是一个激进的变化。在这个过程中，我们丧失了很多。但在填补这些空白的时候，我们获取了更多东西。

我在设计的时候，总是试图找出我所设计物体的内涵。设计哲学尚未出炉之前，我是不会开始设计的；同样，对想做的东西只有一个模糊的概念的时候，我也是不会开始设计的。在每一次设计之中，我都试图打造出一种特定的秩序和结构。正是在这个基础上，

山西五台山南禅寺为中国现存最古老的木制建筑。

山西五台山佛光寺为现存唐代最为雄伟的殿堂式建筑，已成为解读中国古建筑的标志之一。

我才会开始设计建筑——用的并不全然是图纸，而是主意。

今日中国的标准建筑规模庞大。这是因为在庞大的人口基数下，建筑师必须考虑到节约利用空间和土地，从而选择高层建筑。但即便是高层建筑，也同样有改进的空间，比如说，我试图引入的庭院概念，像这样的主意会给建筑作品注入更多的人性。

我对于把中国文化融入我们的工作中倍感自豪，而这里的人们也对此表示欣赏。在设计交通银行南京支行的时候，我引入了风水的元素——一个在大门口起辟邪作用的喷泉台。我试图引入的另一个概念是唐朝文化——唐朝既是中国文化史，也是中国建筑史上最光辉的一章。为了向其致敬，我把喷泉台的外观设计成当时流通货币的形状——方孔的通宝钱币。银行的代表非常欣赏这种概念。

跋

这本书包含着我对中国文化印象、感觉和理解的描述。在中国的这些年是我生命中最令人满意的经历。在意大利教书的时候，我是没有机会设计大规模建筑的。而到了我1976年移居加拿大多伦多的时候，那里已经很发达了。没有剩下什么可做的，除了我有幸设计的几座有意思的高楼。从那时起，我一直以来的迫切愿望就是把我在哈佛学到的东西，在意大利佛罗伦萨学习建筑学时体会出的点子，和在参观那些古老的中世纪城镇时闪现出来的灵感付诸实践。

中国成了我的实践之地。这是一段美梦成真的旅程。对于自己对中国社区的贡献，我感到满意，因为从某种意义上来说，中国不只属于中国；她属于全世界，属于我们所有人。我们中的每一个人都需要维持并提高在我们星球上生活的质量，尤其是现在，当过去那样的大规模战争不再出现的时候。

对我来说，最令人满意的经历是，我能够对中国的复兴献出绵薄之力。我认为，中国是对未来开放的。她将成为别国的典

范。在历史的绵绵岁月里，我们目睹了太多国家发展、复兴、衰落以及某些时候的终结和消失。那些古埃及、希腊、罗马帝国的古老文明，和某种程度上的大英帝国，都经历了这个过程。有着5000多年悠久历史的中国，今天再度汹涌而起。我们将会见证中国——作为一个为我们所有后人创造最好环境的领先国家——在未来的崛起。

鸣 谢

我要感谢为推动此书的出版付出很多努力的李宁玉（Julia Ningyu Li）。我曾对是否写这本书迟疑不决，因为我认为自己的感觉和经历都是个人的，并对把这些经验公诸于众有所保留。但是最后，我认识到我在中国多年的生活和工作经历可以帮助他人理解为什么我会来到这里，我的哲学是什么，我的职业生涯和我的梦想是什么。建筑设计是我生命的中心和我存在的动力。与我的家庭一样，这是我决定投入我所有关注、努力和激情的事情。

我感谢我的朋友彼得·邱和汉可梅。他们把我带到了中国，并向我介绍了中国文化。汉可梅出生在南京，他的爷爷是南京鼓楼医院的创办人马林（William E. Macklin）。彼得来自香港，一直对中国充满自豪，因为中国是他的根之所在。我们一起访问了中国的很多地方，他还把我介绍给了许多知识分子、官员和有意思的人物。对我来说，这是一个不断成长和身临其境学习中国文化的过程。